W0369748

veritas-LERNFÖRDERUNG

Kim da Silva & Do-Ri Rydl

Kreativ lernen

Kreatives Lernen mit Powerübungen und Selbstmotivierung

VERITAS

Die Deutsche Bibliothek – CIP-Einheitsaufnahme

Kim da Silva:

Kreativ Lernen: Mit kinesiologischen Übungen und Mudras /
Kim da Silva; Do-Ri Rydl. –
Linz : Veritas 2000
ISBN 3-7058-5171-3
NE: Da Silva, Kim

4. Auflage (2000)

Lektorat: Klaus Kopinitsch
Illustrationen: Bruno Haberzettl
Umschlag: Alexander Strohmaier
Fotos: Friedrich Amtmann
Layout und Herstellung: Kurt Lackner
Satz: Vogel Medien GmbH, Bisamberg
Druck: LANDESVERLAG Druckservice Linz
ISBN 3-7058-5171-3

*Gedruckt auf umweltfreundlichem,
chlorfrei gebleichtem Papier.*

Inhaltsverzeichnis

Vorwort 7

Kims 10 Geheimnisse zum leichten Lernen 9

1. Nur ich selbst bin es, der mir Lust auf Lernen verschaffen kann 10
2. Das gesamte Leben ist Lernen 12
3. Wenn du *hin*hören kannst, erfährst du mehr 16
4. Was viele am liebsten und häufigsten essen, schadet am meisten – Süßigkeiten 20
5. Die Zuckersucht in den Griff bekommen 22
6. Immer wieder willens sein, erleichtert dein Leben ungemein 23
7. Werde selbst der beste Freund deines Körpers 26
8. Nachdenken viel leichter geht, wenn das ganze Gehirn zu Diensten steht 31
9. Wandle die Lernunwilligkeit in dein persönliches Ziel um 33
10. Die Schönheit der täglichen Disziplin 35

Vom leichten Lernen zum kreativen Lernen 39

Kreativ lernen – was heißt das? 41
Aus kreativ lernen wird kreativ leben 43
Du bist der Meister deines Lernens! 45
Der Abbau des inneren Widerstandes 46
Überwinde deinen inneren Widerstand! 47

Die Powerübungen 50

1. Erdknöpfe 51
2. Raumknöpfe 52
3. Gehirnknöpfe 53
4. Positive Punkte 54
5. Denkmütze 55
6. Zauberpunkt 56
7. Nilpferd 57
8. Arme kreisen 58
9. Längen der Waden 59
10. Sich über Kreuz bewegen mit Augenkreisen 60
11. Nackenrolle 62
12. Längen der Armmuskeln 64
13. Radfahrer 66

14. Beckenachten 67
15. Schnelles Gehen 68

Die Mudras 69

1. Mudra zur Fingerbeweglichkeit 70
2. Mudra für den gesunden Willen 71
3. Mudra zum Gehirn einschalten 72
4. Mudra für den Magen 73
5. Mudra bei Frustessen 74

Übungsfolgen zum kreativen Lernen 75

1. Fit und stabil jeden Tag – Turnübungen am Morgen für mehr Energie tagsüber 76
2. Den inneren Widerstand überwinden – cool werden und Lust aufs Lernen bekommen 77
3. Die Feuerwehr – „Dampf ablassen"-Übungen gegen schlechte Laune 78
4. Kreativ lernen, kreativ leben – Zusammenhänge besser begreifen und nützen 79
5. Eine gute Schrift haben – Übungen zur Feinmotorik 80
6. Jetzt geht`s los – Übungen zum Einschalten für den Sport 82
7. Kreativ lernen für bestimmte Fächer – gezielte Übungen für Deutsch, Mathematik, Englisch, Französisch, und Latein 83

Anhang 85

Du willst noch mehr über Lernen wissen? 86
Liebe Eltern! 87
Die Autoren 88
Literaturhinweise 89
Danksagung 91

VORWORT

Dieses Buch läßt uns erkennen, warum wir Lernschwierigkeiten haben. Gleichzeitig können wir ihre Ursachen analysieren. „Kreativ lernen" ist neu und einmalig in seiner Arbeitsweise, Lernstreß in Lernpotential umzuwandeln.
Es ist wichtig, daß dieses Buch auch von Eltern gelesen wird, damit sie die Kinder in der Findung ihres streßfreien Lernraumes nicht behindern. Sie sollen verstehen, wie ihr lernendes Kind mit diesem Buch arbeitet und dadurch andere Dinge macht (wie z. B. regelmäßig ein paar Bewegungsübungen), die sich die Eltern zu ihrer Schulzeit nicht vorstellen konnten.

„Kreativ lernen" ist kein Buch, das uns in unserem Streß, den wir mit Lernen haben, bestätigt, sondern es zeigt uns, daß Lernstreß natürlich ist und daß es das sogenannte „streßfreie Lernen" nie gegeben hat. Wenn wir uns weiter mit dem Streß stressen, werden wir nie lernen. Erkennen wir endlich, daß Lernen natürlich ist, wird das Lernen zu etwas Natürlichem in unserem Leben.

Lernen wird also zum Leben, und Streß wird zu Energie, die uns im Lernen fördert. Da bloßes Erkennen mit dem Kopf und Verstand uns nicht im Lernen unterstützen kann, gibt es in diesem Buch zusätzlich spezielle Übungen, die von der **chinesischen Medizin** abgeleitet sind. Sie aktivieren unsere Meridiane, bekannt aus der chinesischen Akupunkturlehre. Die Übungen helfen, unser Energiepotential so anzuheben, damit wir das, was wir in unserem rationalen Denken und Fühlen erkannt haben, auch in die Tat umsetzen können.

Da spezifische Lernfächer und Lebenssituationen mit unterschiedlichen Emotionen behaftet sind, gibt es auch verschiedene Übungen für die jeweiligen Tätigkeiten. Es ist ganz wichtig, daß uns der Lernstreß nicht ausgeredet wird, sondern wir sollen erkennen, daß Neues generell erst einmal emotional behaftet ist. Diese

Emotionen können leicht in Streß ausarten, wenn sie geschürt werden.
Wenn wir wissen, daß Neues immer Emotionen auslöst, können wir dem Neuen von vornherein streßfrei begegnen. Denn wir können diese Energie gleich verwenden, um das Neue freudig zu begrüßen. Wir halten uns nicht erst lange mit dem Streß auf und verlieren so nicht die Energie, die wir eigentlich zum Erledigen bräuchten.

Wir müssen Lernen als das erkennen, was es ist:
- ✰ die höchste Form der Kreativität,
- ✰ das Erkennen des Lebens und
- ✰ das Fördern dieses Lebens.

In der Schule gibt es feste Unterrichtszeiten und einen klaren Lehrplan. Wir wissen, wann was auf uns zukommt und können uns entsprechend darauf einstellen. Die Schule bereitet uns aber nur darauf vor, daß wir im Leben diesen festen Plan nicht mehr haben. Im Leben wissen wir nicht, was uns die nächsten fünf Minuten bringen können.
So gesehen ist die Schule nur eine kleine Vorbereitung auf das Leben, denn dort ist es planlos. Selbst im geordnetsten Beruf können jederzeit ganz schnell neue Situationen entstehen, so daß wir ständig vor einer neuen Lernsituation stehen.
Dieses Buch zeigt, wie wir der Meister unseres Lernens werden, jeder Mensch kann diese Meisterschaft erreichen.

KIMS 10 GEHEIMNISSE ZUM LEICHTEN LERNEN

Es gibt zwei Gründe, warum du dieses Buch dein eigen nennst:

1. Lernen streßt dich generell, und du mußt dich immer wieder dazu zwingen.
2. Du hast in einem bestimmten Fach Schwierigkeiten und hoffst, dich mit diesem Buch für die nächste Prüfung besser vorzubereiten.

Wie dem auch sei, durch dieses Buch lernen wir uns kennen. Ich bin Kim, werde dir etwas über Lernen allgemein erzählen und dir ein paar Geheimnisse zum leichten Lernen anvertrauen.
Meine Schulzeit war ein einziger Horror vom Anfang bis zum Ende der Pflichtschule. Der erste Schultag machte mir Laune. Als ich jedoch feststellte, daß ich jeden Tag dorthin gehen mußte, wurde ich unwillig und leicht nervös.
Die Lehrer waren mir teilweise zu langweilig, manche Mitschüler konnte ich überhaupt nicht ausstehen, und meine größte Strafe war, wenn ich vorlesen mußte. Prügel oder Hausarrest machten mir überhaupt nichts aus, aber wenn ich vorlesen mußte, hatte ich richtige Schmerzen dabei!
Nun weißt du, wie es mir selbst erging. Ich war kein guter Schüler. Aber eines Tages, als ich schon im Berufsleben stand und nebenbei studierte, gingen mir viele Lichter auf! Ich erkannte nämlich das erste Geheimnis:

ERSTES GEHEIMNIS

Nur *ich* selbst bin es, der mir Lust auf Lernen verschaffen kann

Mit dieser Erkenntnis hatte ich beim Lernen für mein Studium immer weniger Streß. Im Unterricht schlief ich nicht mehr ein. Ich war vom Anfang bis zum Ende wach. Plötzlich machte mir das Leben auf der Universität Freude.
Das ist der Grund, warum ich dieses Buch geschrieben habe. So bekommst du eine Chance, schon in jungen Jahren mit deinem Lernstreß besser fertigzuwerden. Wie das funktioniert, erfährst du, wenn du weiterliest.
Damit du dir das Gelesene auch gut merken kannst, mache nun folgendes:

ERDKNÖPFE

Du berührst mit je zwei Fingern der einen Hand den Rand deines Schambeins und mit zwei Fingern der anderen Hand den Punkt unterhalb der Unterlippe.
Während du diese beiden Punkte hältst, kannst du weiterlesen oder 2 Minuten lang aus dem Fenster sehen. Warum du die Erdknöpfe hältst, verrate ich dir später. Mach sie jetzt einfach einmal.

Lernen, was ist das?

Klären wir doch einmal, was **Lernen** bedeutet. Die erste Reaktion bei vielen Menschen ist ein Stöhnen, denn Lernen löst meistens unangenehme Erinnerungen aus.

Lernen beginnt bereits mit dem ersten Atemzug, den wir auf dieser Erde machen. Lernen fällt uns nicht leicht, daher gibt es kurz nach der Geburt den berühmten Klaps auf den Po. Er ist die Aufforderung an uns, den ersten Atemzug zu tun. Versteht ein Baby diesen Klaps auf den Po falsch, wird sich beim weiteren Lernen immer Widerstand aufbauen.

Hältst du die Erdknöpfe noch?

Du kennst das sicher schon aus eigener Erfahrung: Wenn du nicht lernst oder nicht deine Aufgabe schreibst, wirst du von anderen Menschen dazu gezwungen. Je mehr du dich sträubst, desto drastischer werden die Maßnahmen.

Merke dir: Solange du lebst, wirst du in deinem Lernen gefördert. Ob du willst oder nicht, spielt dabei überhaupt keine Rolle.

Wenn du Lernen nur auf das bißchen beziehst, was in der Schule von dir verlangt wird, bist du auf dem Holzweg. Es gibt tatsächlich Kinder, die ihren allerletzten Schultag herbeisehnen. Denn sie glauben, daß das Lernen dann vorbei ist. Falls du auch dazu gehörst, brauchst du das zweite Geheimnis:

ZWEITES GEHEIMNIS

Das gesamte Leben ist Lernen

Lies den letzten Satz noch einmal und atme tief dabei ein. Bevor du ausatmest, läßt du die Erdknöpfe aus. Nun kommen die

RAUMKNÖPFE

Du berührst mit zwei Fingern der einen Hand das Steißbein. Es befindet sich am untersten Ende der Wirbelsäule. Mit zwei Fingern der anderen Hand berührst du den Punkt oberhalb der Oberlippe.
Während du die Punkte hältst, kannst du weiterlesen.

Merke dir: Lernen beginnt mit dem ersten Atemzug kurz nach der Geburt und endet, wenn wir gestorben sind.

Für dich ist wichtig zu erkennen, daß Lernen Leben ist. Wer nicht lernt, lebt nicht. Wer nicht wirklich lebt, wird krank. Du bist nun aufgerufen, dein Leben in die Hand zu nehmen und ab heute Lernen als das anzusehen, was es wirklich ist: Wachstum, Leben, Abenteuer und Kreativität!
Kims Geheimnisse zum leichten Lernen sind keine Hinweise darauf, wie du Lernen am besten vermeiden kannst. Wenn du dich nämlich darauf beschränkst, dich durch die Prüfungen und Schularbeiten durchzuschummeln, wirst du dich dein ganzes Leben lang durch alles durchschwindeln. Oberflächlich lernen heißt, oberflächlich leben. Oberflächlich Gelerntes kannst du dir nicht merken und somit auch nicht anwenden. Denn du hast es rasch vergessen!

Merke dir: Lernen ist das Fördern deiner eigenen Person. Egal, was du lernst, du lernst immer nur für dich selbst!

Lies den letzten Absatz noch einmal und atme tief dabei ein. Bevor du ausatmest, läßt du die Raumknöpfe aus. Jetzt kommen die

GEHIRNKNÖPFE

Du berührst mit zwei Fingern der einen Hand den Nabel. Den Daumen der anderen Hand legst du in das rechte Grübchen unterhalb deines Schlüsselbeins. Mit Zeige- und Mittelfinger berührst du das linke Grübchen (siehe Zeichnung). Nun massierst du mit leichtem Druck alle drei Stellen gleichzeitig.
Lehne dich während der Massage zurück und achte auf deinen Atem. Nach ca. 1 Minute wechselst du die Hände. Nun reiben die Finger der rechten Hand den Nabel, die linke Hand befindet sich beim Schlüsselbein.
Nach einer weiteren Minute kannst du die Massage der Gehirnknöpfe beenden.

Kennst du deine Aufgabe?

Jeder Mensch hat in jedem Lebensabschnitt bestimmte Aufgaben zu erfüllen. Du als Kind, Schüler und Jugendlicher stehst zur Zeit an der Stelle, wo unter anderem schulisches Lernen angesagt ist. Deine Aufgabe ist es, zu gehorchen und ohne Murren zu tun, was du tun mußt.
Denn nur durch die Erfüllung deiner Aufgabe wirst du reif, in den nächsten Lebensabschnitt einzutreten. Wenn du jetzt nicht gehorchen lernst, kannst du nicht erwarten, daß andere Menschen eines Tages dir folgen werden!
Bevor du eine Meinung äußern kannst, mußt du Neues zuerst verarbeitet haben. Neues verarbeitest du, indem du übst und dadurch Erfahrungen machst. Viele Schüler maulen schon bei jeder kleinsten Anforderung, sie stellen dumme Fragen, um die Unterrichtszeit zu verkürzen, und sie diskutieren über alles, nur damit für die eigentliche Aufgabe keine Zeit mehr bleibt.
Du mußt erkennen, daß eine halbwegs gut verlaufene Schulzeit das Leben erleichtert. So wird das sich Fügen und Mitmachen sehr einfach. Wenn du dich nur ein bißchen in deine Pflichten fügst, erkennst du nicht nur das Leben, sondern du wirst auch erwachsen.
Oftmals sind Erwachsene auch unwillig, aber nur deshalb, weil sie ihre eigene Schulzeit ebenfalls nur mit Dagegensein verbrachten. Es gab wahrscheinlich niemanden in deren Leben, der ihnen das gesagt hat, was ich dir erzähle. Manche kommen irgendwann von alleine drauf, andere haben es selbst im reifen Alter noch nicht begriffen. Das sind jene Menschen, die ihr Leben lang mit allem und jedem kämpfen.
Das „Elend" als Kind setzt sich fort bis ins hohe Alter. Es wird sich nie ändern, außer du faßt den festen Entschluß zum „Willens sein". Zum „Willens sein" ist es nie zu spät. Je früher du dich damit anfreundest, desto leichter ist dein Leben.
Wir müssen begreifen, daß eine Ausbildung wichtig ist, um unser Leben und später auch eine eigene Familie mit genügend Geld finanzieren zu können. Wir sollen einfach ein bißchen leichter leben können und nicht immer um alles kämpfen müssen.

Merke dir: Lernen und Arbeiten hören nie auf. Mit ein bißchen „Willens sein" meisterst du deine Pflichten in kurzer Zeit. Du verpuffst nicht deine Lebenskraft, sondern erhältst sie für das, was dir sonst noch wichtig ist.

DRITTES GEHEIMNIS

Wenn du *hin*hören kannst, erfährst du mehr

Kinder, die **zu**hören, wissen oft nach ein paar Minuten nicht mehr, was gesagt wurde. Oder sie denken während des Unterrichts an etwas ganz anderes. „Was wird es denn heute zum Mittagessen geben?" Immer wieder kommen dir andere Gedanken in den Sinn, und du kannst dich einfach nicht auf das konzentrieren, was der Lehrer sagt.
Lerne **hin**hören und sei bereit, Neues aufzunehmen und zu verarbeiten. Sag dir nicht ständig, das kenn ich eh schon, jetzt kommt schon wieder die alte Leier. Viel besser ist es, sich etwas nochmals anzuhören. Denn die Wiederholung ist die Mutter des Lernens, das Begreifen wird einfacher.

Damit du ab sofort immer gut **hin**hören kannst, machst du die

DENKMÜTZE

Entfalte sanft deine Ohren. Beginne oben und massiere am Ohrrand entlang nach unten. Ziehe sanft an den Ohrläppchen. Wiederhole diese Bewegung von oben nach unten 10×. Wenn du gähnen mußt, öffne dabei bitte den Mund so weit du kannst.

Weißt du eigentlich, warum du Lernprobleme hast?

Da gibt es verschiedene Gründe. Vielleicht findest du in dieser Aufstellung auch deine Antwort:

1. Der Lehrer ist so doof. Er erklärt das nicht richtig.
2. Ich kann mich nicht konzentrieren.
3. Wenn ich dieses Fach habe, bin ich immer gleich müde.
4. Ich will lieber spielen als lernen.
5. Immer wenn ich lernen will, lenken mich die anderen ab.
6. Mich interessiert das nicht, was ich lernen muß.

Dies sind die häufigsten Antworten, die ich von Kindern bekomme, wenn ich sie nach dem Grund ihrer Lernprobleme frage.

Bevor wir weitergehen, machst du nun folgendes Mudra:

POWERMUDRA

Du legst Daumen und Ringfingerkuppe zusammen und den Zeigefinger auf das erste Daumengelenk. Dieses Mudra hältst du nun mindestens 3 Minuten mit beiden Händen, bevor du die Finger wieder auseinander gibst.
Während du das Mudra hältst, kannst du natürlich weiterlesen.

Spiele Detektiv und finde die Antwort auf zwei Fragen:

1. Hast du allgemeine Lernschwierigkeiten?
   Fühlst du dich mit allen Aufgaben, die an dich gestellt werden, überfordert oder genervt?

2. Bist du generell ein guter bis mittelmäßiger Schüler und hast nur Lernschwierigkeiten in einem bestimmten Fach?

Wenn du die erste Frage mit „Ja" beantwortest, kenne ich den Grund für alle negativen Auswirkungen beim Lernen:

Die Energie deines Körpers ist zu niedrig!

Stell dir doch einmal vor, du bist Besitzer eines tollen Autos. Es kann schnell fahren, es bringt dich gut und sicher an jedes von dir gewünschte Ziel. Du braust gerade auf der Autobahn dahin, plötzlich stottert der Motor. Du drückst stärker aufs Gaspedal, trotzdem wird dein Fahrzeug immer langsamer und bleibt sogar stehen.
Du kannst nun schimpfen, einen Kopfstand machen, das Auto neu lackieren, die Mitfahrer rausschmeißen – das Auto wird sich keinen Zentimeter bewegen. Wenn dein Auto keinen Treibstoff mehr hat, kannst du tun, was du willst. Du mußt das Richtige tun – nämlich TANKEN! Dann kannst du deine Fahrt fortsetzen und kommst ans Ziel.

Ebenso ist es mit deiner eigenen Kraft! Wenn deine Energie zu niedrig ist, hast du es sehr schwer, die an dich gestellten Aufgaben leicht und locker in kurzer Zeit zu bewältigen.
Unlust, Müdigkeit, Ärger oder Verzweiflung breiten sich in deinem Körper aus und zehren noch mehr an deiner Energie. Wie willst du eine Leistung bringen, wenn dein Tank leer ist?

Nun lehne dich wieder ein bißchen zurück, halte das Powermudra, schließe die Augen und denke über das angeführte Beispiel nochmals nach.

Vielleicht hast du dir schon die Frage gestellt, wie es dazu kommt, daß die Energie deines Körpers zu niedrig ist. Dafür gibt es verschiedene Ursachen:

☆ Zuwenig Bewegung

Wenn du deinen Körper zuwenig bewegst, stockt der Energiefluß im Körper. Das Gehirn leidet an Unterversorgung von Sauerstoff, den es für Denkprozesse benötigt. Die Bewegung von Blut und Sauerstoff im Gehirn ist viel zu langsam. Daher kannst du dich meistens nur kurz konzentrieren.

Langes Sitzen oder Schlafen und Herumhängen lassen die Energie versickern. Fernsehen, Computerspiele, aber auch langes geistiges Arbeiten sind ebenfalls Energieräuber.

☆ Essen von Süßigkeiten

Auch wenn du das vielleicht nicht hören willst, muß ich dir das vierte Geheimnis trotzdem anvertrauen!

VIERTES GEHEIMNIS

Was viele am liebsten und häufigsten essen, schadet am meisten – Süßigkeiten

Wenn du täglich Süßes ißt, lebt dein Körper ständig eine „innere Katastrophe", weil deine Nebennieren „angeheizt" werden. Deren Aufgabe ist es, dich aus gefährlichen Situationen durch reflexartige Bewegungen oder Antworten zu retten.

Ein Beispiel:
Du bist sehr müde und schläfst dadurch sehr tief. Plötzlich reißt jemand die Tür zu deinem Zimmer auf und ruft: „Los aufstehen, das Haus brennt!" Noch bevor du richtig munter bist, stehst du schon neben dem Bett, ergreifst schnell etwas zum Drüberziehen und rennst aus dem Haus.

Woher kommt denn diese Reaktion? Du warst doch eben noch todmüde, aber plötzlich bist du hellwach und aktiv. Die Nebennieren produzieren bei Gefahr Adrenalin. Dieses Hormon macht dich sofort fluchtbereit, lange bevor du noch ganz genau die Situation erfassen kannst.
Stell dir vor, du würdest dich zuerst im Bett räkeln und strecken, dann noch die Frage stellen „Wo brennt es denn überhaupt?", und dann würdest du überlegen, was du nun am besten als erstes tun sollst. Wenn dieser ganze Denkvorgang abgeschlossen ist, kann es aber schon zu spät für dich sein, und der Weg ins Freie ist durch Qualm und Feuer versperrt.
Damit du dein Leben retten kannst – nämlich in diesem Fall durch sofortige Flucht –, brauchst du deine Nebennieren. Sie geben dir sofort die Extra-Energie, du reagierst unverzüglich.

Wenn du viel Süßes ißt, ist das genauso, wie wenn jemand in der Nacht ruft: „Raus, das Haus brennt!" Die Nebennieren produzieren brav das Adrenalin, und dein Körper ist bereit für alles. Aber es kommt kein Befehl.
Stell dir vor, du hast eine ganze Armee in Alarmbereitschaft versetzt, jeder wartet nur auf das „Los!" – aber niemand gibt den Befehl zum Angriff. Jeder einzelne Soldat wird im Laufe der Zeit unwillig und verzieht sich. Wenn wirklich irgendwann der Befehl zum Angriff kommt, ist keiner da, der ihn ausführt.
Du weißt jetzt, daß Zucker – im Übermaß genossen – diesen Kampf/Flucht-Reflex aktiviert, und der ganze Körper ist eingestellt auf „Überleben", obwohl von außen keine Gefahr besteht. In diesem Zustand kann sich kein Mensch – auch du nicht – konzentrieren! Du kannst nicht lernen, bist mit allem überfordert und wirst natürlich unwillig.

Wenn du deine Organe überhitzt, indem du in jeder Pause und zu Hause immer wieder etwas Süßes ißt, bleibt keine Energie für das Lernen über. Beobachte doch einmal andere in deiner Klasse, die dauernd Süßes essen. Sie sind lustlos, maulen ständig herum, können nicht ruhig sitzen und sind oftmals sogar aggressiv und streitsüchtig.

Merke dir: Süßes essen fördert Lernstreß, weil es Ruhe und Konzentration verhindert!

Bist du zuckersüchtig?

Probier ab morgen folgendes aus: Du ißt zwei Tage lang nichts Süßes! Keine Marmelade, keine Schokolade, kein Eis, kein Obst, keine Cornflakes, keinen Ketchup (darin ist viel Zucker versteckt), keinen Honig, keinen Müsliriegel, kein Bonbon etc.
Stelle fest, ob dir der Verzicht leicht fällt oder ob du das Gefühl hast, ein Opfer zu bringen. Schleichst du irgendwann um die Naschlade herum und versuchst, eine logische Erklärung zu finden, die den Verzehr von Süßigkeiten heute rechtfertigt? Kannst du dich aufs Lernen nicht konzentrieren, weil du ständig träumst, was du morgen an Süßem nachholen wirst?

Ich verrate dir jetzt das fünfte Geheimnis:

FÜNFTES GEHEIMNIS

Die Zuckersucht in den Griff bekommen

ZAUBERPUNKT

Du legst zwei Finger der linken Hand auf die Innenseite des rechten Handgelenks. Diesen Punkt massierst du 2× täglich 4–12 Minuten und zusätzlich, wenn dich Heißhunger auf Süßes überkommt oder wenn es dir generell nicht gutgeht.
Du wirst sehen, wie das funktioniert! Wenn du an dieser Stelle die Energie aktivierst, verzichtet der Körper freiwillig auf Süßigkeiten. Somit kannst du klar denken und streßfrei lernen.

Massiere jetzt den Zauberpunkt deiner rechten Hand mindestens 4 Minuten und stell dir vor, wie der Alarmzustand in deinem Körper abgebaut wird. Der Ausnahmezustand (Kampf/Flucht-Reflex) hat ein Ende, der Krieg ist vorbei. Jedes Organ kühlt sich auf seine richtige Betriebstemperatur ab. Der Körper wird bereit, zum Alltagsgeschehen überzugehen. Alltagsgeschehen bedeutet, daß du nun deine Arbeit streßfrei und ohne Murren erledigen kannst.

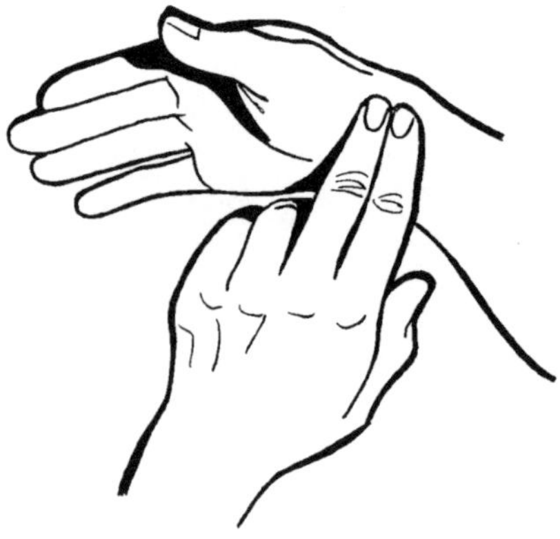

Während du den Zauberpunkt massierst, verrate ich dir das sechste Geheimnis.

SECHSTES GEHEIMNIS

Immer wieder willens sein, erleichtert dein Leben ungemein

Was bedeutet denn willens sein? Willens sein heißt, daß du alles gleich tust, was du tun mußt, um danach tun zu können, was du tun willst. Viele Menschen haben den Unterschied zwischen wollen und willens sein nicht begriffen. Das Wollen hat meistens mit dem Eigensinn zu tun. Sie interessiert nur das, was sie sich jetzt in den Kopf gesetzt haben.

Ein Beispiel zum besseren Verstehen:
Deine Mutter erteilt dir einen Auftrag. Du sollst sämtliche Schuhe, die im Vorzimmer herumstehen, putzen und dann wegräumen. Die Arbeit würde ungefähr zwanzig Minuten dauern.
Du selbst hast dir vorgenommen, dich in einer halben Stunde mit Freunden zu treffen. Du bist frohen Mutes und freust dich auf das Treffen. Als dich der Auftrag deiner Mutter erreicht, fühlst du dich plötzlich gar nicht mehr gut. Du wirst ärgerlich und beginnst mit deiner Mutter zu diskutieren. „Wieso soll ich alle Schuhe putzen? Und warum gerade jetzt? Die anderen sollen selber ihre Schuhe putzen. Außerdem habe ich keine Zeit, in ein paar Minuten muß ich weg."
Das Herummotzen geht deiner Mutter schon auf die Nerven, und sie erinnert dich plötzlich an die Arbeit, die du gestern nicht erledigt hast. „Du hast gestern nicht den Käfig deines Wellensittichs gereinigt. Der kleine Piepmatz sitzt schon fünf Tage in seinem Mist. Wann wirst du das denn endlich tun?"
Deine Laune sinkt noch tiefer, und du holst nochmal tief Luft. Du hast bemerkt, daß du mit diesem Ton nicht ankommst. Also schaltest du um auf die süße Tour. „Ach liebe Mama, bitte laß mich das später machen, wenn ich wieder zurück bin. Ich werde wirklich alles gleich erledigen und auch den Käfig putzen. Meine Freunde warten auf mich usw."
Und wirklich – du schaffst es auch diesmal wieder, deine Mutter umzustimmen. „Du bist ja so lieb, du bist die beste Mutter auf dieser Erde. Vielen Dank!" und schwupp, weg bist du.
Du triffst deine Freunde, ihr unternehmt dies und das – aber trotzdem kannst du dabei nicht so richtig froh sein. Das schlechte Gewissen plagt dich ein bißchen. Deine Freude, mit den anderen zusammenzusein, wird durch diesen Auftritt und die noch bevorstehende Schuhputzarbeit getrübt. Du schiebst zwar immer wieder diesen Gedanken weg, aber ebenso kommt er wieder zurück.

Als jeder nach Hause geht und auch du die Wohnung betrittst, bist du müde vom Herumlaufen und hungrig. Deine Geschwister haben ein neues Spiel, du würdest gerne mitmachen. Doch ein Blick in das Gesicht deiner Mutter erinnert dich nur zu deutlich an dein Versprechen.
Jetzt, wo du müde bist und dich gerne entspannen würdest, mußt du nochmals aktiv werden, denn du hast den Auftrag noch immer nicht ausgeführt.
Endlich sitzt du inmitten der Schuhe und putzt einen nach dem andern. Doch du bist grantig und hegst für den Träger des Schuhs, den du gerade putzt, keine freundlichen Gedanken. Endlich fertig! Du setzt dich zu den anderen ins Wohnzimmer, die gerade eine neue Spielrunde starten wollen. Gerade richtig für dich zum Mitmachen. Doch plötzlich mahnt die Mutter: „Was ist mit dem Vogelkäfig?" – „Mach ich gleich, nur das eine Spiel!" Du spielst zwar mit, aber es kommt wieder nicht so rechte Freude dabei auf, denn du weißt, es wartet immer noch eine Aufgabe auf dich.

Diese Geschichte zeigt dir ganz deutlich, wie anstrengend das Leben ist, wenn du immer nur deinen Willen erfüllst. Du schiebst Arbeiten und Aufgaben vor dir her, kannst dich aber bei dem, was du gerade machst, auch nicht freuen, denn das schlechte Gewissen plagt dich.

Die Lösung zu diesem Problem ist ganz einfach. Du wendest das sechste Geheimnis an: Immer wieder willens sein, erleichtert dein Leben ungemein.
Das heißt, wenn du einen Auftrag bekommst, dann maulst und diskutierst du nicht, sondern holst tief Luft und sagst: „Jawohl, das mache ich sofort." Denn die Energie, die du für das Durchsetzen deines Eigensinns verbrauchst, und die Zeit, die du damit verschwendest, kannst du ja gleich zum Erledigen deiner Aufgabe verwenden.
Weißt du, wo der Vorteil von willens sein liegt? Du hast danach beim Spielen mit deinen Freunden ein gutes Gefühl, denn du hast alles erledigt, was von dir verlangt wurde. Jetzt erst bist du wirklich frei, das zu tun, was du tun willst. Du weißt, daß nicht ein Berg Arbeit zu Hause auf dich wartet.
Wenn du einmal in deinem Leben dieses Gefühl des Freiseins hattest, dann willst du es immer wieder haben. Also fällt dir beim nächsten Auftrag das Willens sein schon ein bißchen leichter.
Wenn du das Willens sein beim Lernen einsetzt, kannst du damit auch deine Lernunwilligkeit überwinden. Du weißt sicher schon, daß du ums Lernen nicht herumkommst. Du kannst es vor dir herschieben, aber nicht aufschieben. Doch je größer der Berg wird, desto schwächer ist deine Energie, ihn zu bewältigen.
Willens sein hilft dir, deine Aufgaben in kurzer Zeit zu erledigen und dadurch ein leichteres Leben zu haben. Was glaubst du, wie schön das Leben ist, wenn

dich nicht dauernd jemand ermahnen muß, dies zu tun und jenes zu machen. Du verschwendest nicht deine Zeit und Kraft, Ausreden zu finden, sondern du wirst sogar noch gestärkt, denn niemand ist gram mit dir. Jeder denkt nett an dich. Du mußt nicht ständig ein ganzes Abwehrregiment aufrechterhalten.

Jetzt zeige ich dir das Mudra, das dir beim Willens sein hilft. Damit überwindest du Lernunwilligkeit und baust inneren Streß (durch Süßigkeiten verursacht) ab.

MUDRA FÜR DEN GESUNDEN WILLEN

Du legst den Zeigefinger in die Daumengrube und bringst Daumen und Mittelfingerkuppe zusammen. Diese Stellung sollst du mindestens 7 Minuten halten.
Das Mudra kannst du mit beiden Händen gleichzeitig oder jeweils mit einer Hand machen. Immer dann, wenn du eine Hand gerade nicht brauchst, hältst du die Finger in der beschriebenen Stellung. Hervorragend geeignet beim Hinhören im Unterricht, beim Fernsehen, beim Schreiben und Nachdenken. Sogar jetzt, während des Lesens, kannst du es halten.

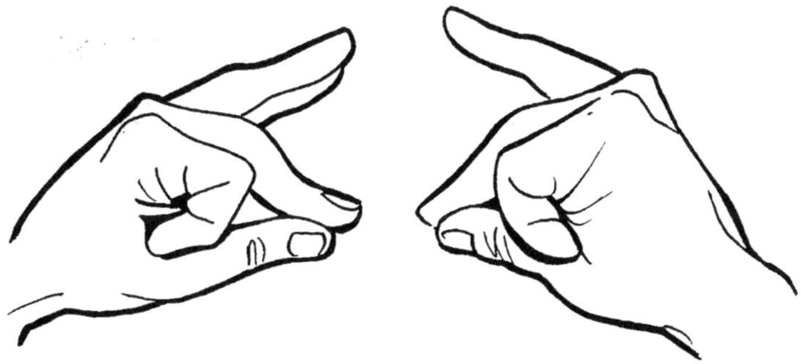

Während du das Mudra für den gesunden Willen hältst, verrate ich dir das siebente Geheimnis.

SIEBENTES GEHEIMNIS

Werde selbst der beste Freund deines Körpers

Gemeinsam seid ihr stark! Falls dich dein Körper im Stich läßt, wenn du ihn eigentlich am dringendsten brauchst, macht er dich nur darauf aufmerksam, daß du selbst nicht gut zu ihm warst. Zuwenig Bewegung, zuviel Fernsehen und Bildschirmspiele, Vollstopfen mit Süßigkeiten, schlechte Gedanken und so weiter sind Gründe, über die dein Körper sehr traurig ist.

Stell dir einmal folgendes vor:
Du hast einen Freund sehr gern. Du bist immer für ihn da und machst auch alles für ihn. In vielen schwierigen Situationen hilfst du ihm, ohne dich wäre er vielleicht gar nicht mehr am Leben.
Dein Freund nimmt aber deine Hilfe total selbstverständlich hin. Niemals sagt er zu dir, daß du das gut gemacht hast. Du hast noch nie ein Dankeschön von ihm erhalten. Sogar wenn du eine Superleistung für ihn vollbringst, ist kein dankbares Lächeln in seinem Gesicht zu erkennen. Im Gegenteil, je mehr du für ihn tust, desto mehr verlangt er noch von dir. Du wirst müde, du bist hungrig. Du brauchst ordentliche Nahrung, um wieder Leistung bringen zu können. Und was macht dein Freund? Er gibt dir bloß leere Kalorien ohne jeglichen Nährwert. Der ganze Zucker und all die Süßigkeiten überziehen dich mit zähem Schleim, gegen den du ständig kämpfen mußt. Lange nimmst du alles hin, doch eines Tages ist es genug! Du kündigst deinem Freund die Freundschaft.
Er will wieder eine große Sache machen und vertraut darauf, daß du ihm dabei helfen wirst. Doch du kommst nicht. Aus der Ferne siehst du ihm zu, wie er sich plagt. Schließlich erkennt er, daß er dich braucht. Ohne dich geht es einfach nicht.
Er kommt zu dir, bittet und bettelt. Er sieht ein, daß sein Verhalten dir gegenüber nicht okay war. Er bittet dich sogar um Verzeihung und verspricht, dich ab jetzt immer gut zu behandeln.
Du bist glücklich! Endlich hat er kapiert, daß du gerne bei ihm bist. Er gibt dir gutes Essen, er verschont dich mit Süßigkeiten, und eines Tages bist du wieder so stark, daß du ihm die gewohnte Hilfe bist. Aber wie lange hält das?
Je besser es deinem Freund geht, desto nachlässiger wird er in der Durchführung seiner guten Vorsätze. Das geht solange, bis du ihm die Freundschaft erneut kündigst.
Weißt du, wer die beiden sind, von denen ich hier erzählte? Der Freund bist du mit deinem Wollen (Eigensinn), der andere, der dir hilft, ist dein Körper.

Hast du schon jemals deinem Körper dafür gedankt, daß er für dich da ist? Alles, was du in ihn hineinstopfst, versucht er zu verarbeiten. Er ist immer da, wenn du ihn brauchst. Wenn du dir denkst, daß du nun laufen wirst, läuft er einfach. Wenn du traurig bist, zeigt er es sofort. Wenn du fröhlich bist, bewegt er die Gesichtsmuskeln zu einem Lachen. Sogar während du schläfst, ist er für dich da. Die Atmung funktioniert auch im Schlaf, die Ohren sind eingeschaltet, um dich bei einer Gefahr sofort zu wecken. Dein Herz schlägt 24 Stunden und hat noch nie gesagt, daß es heute nicht arbeiten will. Du weißt sicher, was passiert, wenn dein Herz unwillig wird, seine Arbeit zu tun. Herzstillstand bedeutet sterben müssen.

Alle Funktionen deines Körpers sind nur dann selbstverständlich, wenn du gut zu ihm bist. Hast du das Maß überschritten, meldet sich der Körper durch Schmerz oder Krankheit. Du bist aufgerufen, die Botschaft deines Körpers zu entschlüsseln und festzustellen, was du ändern mußt. Hast du das getan, spielt dein Körper wieder mit und führt deine Befehle zu deiner Zufriedenheit aus.

Wie du der Freund deines Körpers werden kannst!

1. **Sprich immer nett zu dir selbst.** Was du sagst, führt dein Körper durch. Ja, er ist folgsam. Aussprüche wie z. B. „Ich bin so blöd" nimmt dein Körper ernst. Bei mehrmaligen Wiederholungen, die dir selber gar nicht auffallen, wirst du blöd. Denkst du schlecht, führt er das Schlechte durch. Redest du dir ein, daß du das nie begreifen wirst, programmierst du deinen Körper, das nie zu begreifen. Er wird sein Bestes geben, dieses Ziel für dich zu erreichen.

Merke dir: Dein Körper macht das, was du denkst. Paß daher auf, ob du dich selbst mit deinem Denken behinderst oder förderst.

2. **Unterstütze deinen Körper durch die richtige Auswahl deiner Nahrung.** Am besten erkläre ich dir das am Beispiel des Trinkens. Weißt du, was dein Körper trinken will? WASSER!
   Ich sehe dich schon, wie du das Gesicht verziehst und sagst „Igittigitt! Ich trinke kein Wasser, sondern Kakao oder Milch. Noch besser schmecken mir Cola und andere Limonaden." Ja, das sagst du, aber nicht dein Körper! Wenn du den Körper fragen würdest, dann bekämst du ganz klar die Antwort: Wasser.
   Dein Körper benötigt reines Wasser, damit er seine Energie in Fluß halten kann. Wasser leitet den Strom im Körper. Jede andere Flüssigkeit muß er

verdauen, er muß Arbeit dafür leisten. Das Wasser hingegen steht ihm sofort zur Verfügung. Sind deine Zellen gut bewässert, sind Denken und Konzentration ein Kinderspiel. Du begreifst schneller und hast auch immer einen klaren Kopf.

Dazu ein Vergleich:
Wahrscheinlich besitzen auch deine Eltern ein Auto. Die Herstellerfirma schreibt ganz eindeutig vor, mit welchem Treibstoff, Benzin oder Diesel, euer Auto fährt. Jetzt stell dir einmal vor, beim nächsten Tanken leert der Tankwart Cola in den Tank. Auf deine Frage, ob er denn verrückt sei, antwortet er achselzuckend: „Du gibst deinem Auto seit Jahren immer nur Benzin zum Trinken. Das muß dem Auto ja schon langweilig sein! Daher probieren wir jetzt einmal was anderes."
Du kannst dir denken, wie das ausgeht. Das Auto wird vielleicht noch ein paar Meter fahren, aber dann ist Schluß. Kein Zureden wird ihm helfen. Ein Mechaniker muß sämtliche Leitungen, die durch das Cola verklebt wurden, reinigen. Viele Stunden Arbeit sind notwendig, um die Funktionstüchtigkeit des Autos wiederherzustellen.

Jedes Kind weiß, daß nur Benzin oder Diesel in den Tank kommen. Aber sogar nur wenige Erwachsene wissen, daß der einzig wahre Treibstoff für den Körper ausschließlich Wasser ist.

3. **Schenke deinem Körper ein paar Minuten täglich deine Aufmerksamkeit.** Danke ihm für seine unermüdliche Arbeit. Lobe ihn, wenn er für dich eine besondere Leistung erbrachte. Pflege ihn und halte ihn innen und außen sauber. Lächle dich ab und zu selber an. Mach täglich für ihn ein paar Übungen, die den Fluß deiner Lebenskraft anregen. Zehre nicht von deiner Substanz. Verbünde dich mit ihm, denn nur gemeinsam seid ihr stark!

Merke dir: Ohne deinen Körper wärst du nicht der, der du bist. Dein Körper spiegelt immer nur deine Einstellung und deinen Umgang mit ihm wider.

Aufgepaßt! Jetzt kommt eine Übung, die deine Lebenskraft in Schwung bringt. Wir nennen sie das

NILPFERD

Du stehst, die Beine sind hüftbreit auseinander, die Füße zeigen gerade nach vorne. Die Knie sind gebeugt und leicht federnd. Du schwingst nun die gestreckten Arme abwechselnd von vorne nach hinten.
Übe das für jede Seite mindestens 50×. Achte darauf, daß der nach vorne gestreckte Arm und der nach rückwärts gestreckte Arm mit den Schultern eine Linie bilden. Die Atmung ist gleichmäßig und ruhig.

Nachdem du dich mit dem Nilpferd eingeschaltet hast, können wir uns der zweiten Frage von Seite 18 zuwenden. Erinnerst du dich noch daran?
Sie lautete: Bist du generell ein guter bis mittelmäßiger Schüler und hast nur Lernschwierigkeiten in einem bestimmten Fach?
Wenn du auf diese Frage mit „Ja" antwortest, mußt du wissen, daß es dafür zwei Gründe gibt:

1. **Die Energie deines Körpers ist zu niedrig.** Darüber haben wir schon gesprochen. Ich will hier nur noch einmal wiederholen, was du selbst für deine Energie tun kannst:

   - ☆ Richtige Bewegung und Übungen 2× täglich regelmäßig machen. Auch an den Tagen, wo es dir gut geht, turnst du ein Programm, um immer genug Energie zu haben.

   - ☆ Das Naschen von Süßigkeiten stark einschränken. Am besten an vier Tagen pro Woche zuckerfrei leben.

Wenn du beide Punkte schon einige Zeit beachtest, aber trotzdem zeigen sich in diesem Gegenstand immer noch arge Lernprobleme, dann gibt es einen zweiten Grund:

2. **Dir fehlt die Motivation, für dein Problemfach zu lernen!**
   Motivation heißt, einen Grund haben, etwas Bestimmtes aus eigenem Wunsch heraus zu tun. Wenn du selbst kein persönliches Interesse daran hast, für dieses Fach zu lernen, wozu sollst du das tun?
   Die Gründe, warum du dieses Fach lernen sollst, hast du sicher schon ausreichend von Eltern und Lehrern gehört. Trotzdem holt dich das nicht hinter der Ofenbank hervor. Die Gründe aus der Sicht der Erwachsenen reizen dich nicht, dafür etwas zu tun.
   Also, schaffe dir deine eigene Motivation! Wenn du ein eigenes Ziel hast, bist du bereit, Zeit und Kraft dafür einzusetzen. So kommst du in Bewegung. Warum sollst du dich aber bewegen, wenn du kein Ziel hast?

Damit du deine persönliche Motivation leicht findest, brauchst du das achte Geheimnis.

ACHTES GEHEIMNIS

Nachdenken viel leichter geht, wenn das ganze Gehirn zu Diensten steht

Kennst du folgendes Problem?
Du sollst in der Schule einen Aufsatz zu einem bestimmten Thema schreiben. Aber so sehr du dich auch anstrengst, es fällt dir dazu nichts ein. Du hast keine Idee, du hast nur eine weiße Wand im Kopf. Ich kann dir sagen, woran das liegt. Es steht dir in diesem Moment nur eine von deinen Gehirnhälften zur Verfügung.
Das menschliche Gehirn teilt sich in eine rechte und eine linke Gehirnhälfte. Damit du das Potential des Gehirns immer voll nützen kannst, müssen beide Gehirnhälften aktiv sein und gleichzeitig arbeiten.
Wenn dir nur die halbe Kraft zur Verfügung steht, wird die zu lösende Aufgabe für dich sehr schwierig. Das Abschalten einer Gehirnhälfte passiert immer dann, wenn du aufgeregt bist. Alleine das Wort „Prüfung" kann in dir schon Streßverhalten auslösen. Wenn du nun eine Idee für das Aufsatzthema haben sollst, fällt dir nichts mehr ein. Aber wenn die Prüfung vorbei ist und du wieder klar denken kannst, hast du viele Ideen, die du hättest schreiben können. Aber leider ist es zu spät.
Damit dir auch in schwierigen Situationen das Richtige rechtzeitig einfällt, kannst du davor immer folgendes Mudra mit deinen Fingern halten:

MUDRA ZUM GEHIRN EINSCHALTEN

Du legst die Daumenkuppe auf Ring- und Kleinfingernagel. Diese Stellung mindestens vier Minuten mit beiden Händen gleichzeitig halten.

Während du das Mudra zum Gehirn einschalten hältst, will ich dir eine wahre Begebenheit erzählen. Sie handelt von Peter, einem Bub, der einfach nicht lesen konnte. Obwohl er sich immer wieder anstrengte und übte, konnte er sich einzelne Buchstaben nicht merken. Außerdem wußte er nachher nie, was er gelesen hatte.

Peter (9 Jahre) hatte große Schwierigkeiten, lesen zu lernen. Jede Leseübung verursachte ihm großen Streß. Er weinte und sagte immer: „Ich will nicht lesen!" Ärzte und Schulpsychologen prophezeiten Peters Mutter, daß er nie lesen und schreiben können würde. Die Diagnose lautete: geistig schwerbehindert, unzählige Allergien und chronische Bronchitis.
Peter ließ sich fast täglich von seiner Mutter das Fernsehprogramm vorlesen, da Fernsehen seine Lieblingsbeschäftigung war. Also wollte er auch informiert sein, was es spielt. Eines Tages stellte er fest, daß seine Mutter falsch las. Sie las nur jene Filme vor, die sie Peter auch erlauben wollte. Die Krimis und Gruselfilme ließ sie einfach weg. Da beschloß Peter für sich: „Ich will jetzt lesen lernen, damit ich selbst das Fernsehprogramm lesen kann und Mama nicht mehr dazu brauche." Mit diesem Satz verwandelte sich Peters Lernwiderstand in ein persönliches Ziel. Er verstand plötzlich, warum er lesen lernen sollte.
Nach 6 Monaten fleißigen Übens (ohne Tränen und Jammerei) konnte Peter lesen!

Du fragst dich nun, wie er das plötzlich schaffte? Nun, Peter kannte damals schon ein paar von Kims Geheimnissen zum leichten Lernen. Ich habe sie ihm persönlich anvertraut. Peter turnte 2× täglich ein paar Übungen, um seine Energie einzuschalten. Erst wenn sein innerer Strom aktiviert war, begann er mit seinen Leseübungen – und das Wunder geschah! Peter hatte den Erfolg, an den niemand (außer er selbst und ich) vorher glaubte. Ihm ist es gelungen, auf sein persönliches Ziel hinzuarbeiten.
Peter wird bald 16 Jahre alt. Er ist gesund, freundlich, gewissenhaft und begann vor einem Jahr eine Maler- und Anstreicherlehre. Übrigens – er kann nicht nur lesen, sondern auch schreiben und rechnen! Bald hat er Geburtstag, und er freut sich darauf. Dann darf er sein Moped fahren. Rate einmal, wie er es schaffte, die Verkehrszeichen zu lernen?!

Was dir diese Geschichte sagen soll? Sie verrät dir das neunte Geheimnis.

NEUNTES GEHEIMNIS

Wandle die Lernunwilligkeit in dein persönliches Ziel um

Auch das geht relativ einfach! Werde kreativ, habe Ideen, beginne zu träumen und male dir genau dein Ziel aus, für das es sich lohnt, Deutsch, Englisch, Mathematik, Französisch, Latein, Geschichte usw. zu lernen.

Erst wenn du durstig bist, hast du einen Grund, nach dem Glas Wasser auf dem Tisch zu greifen. Erst wenn du dein Ziel gefunden hast, werden sich die Lernprobleme in diesem Gegenstand verringern oder sogar ganz verschwinden. Vielleicht kommt sogar der Tag, an dem du sagen wirst: „Dieses Fach macht Spaß! Ich freue mich auf den Unterricht."
Ich weiß, daß du dir das heute noch nicht vorstellen kannst. Aber wenn du dich so bewegst, daß dein Körper genug Energie zum Denken hat, werden sich auch völlig neue Ideen und Einsichten finden.
Die Ideen helfen, Lernunwilligkeit und Lernstreß zu überwinden.

Für alle deine Unternehmungen brauchst du immer eine gute Atmung. Dabei hilft dir eine ganz einfache Übung:

ARME KREISEN

Du stehst, die Füße sind hüftbreit auseinander, die Knie locker. Du kreist nun mit beiden Armen gleichzeitig von vorne nach oben, über den Kopf nach hinten. Insgesamt machst du 50 Armkreise und achtest darauf, daß die Ellbogen gestreckt bleiben.

Was fängst du jetzt mit all diesen Geheimnissen an?

Die Anwort ist ganz einfach! Du wendest alle Geheimnisse zum leichten Lernen an und machst dadurch eigene Erfahrungen. Sie werden dich von dem, was ich dir erzählte, überzeugen. Weißt du, was du dafür unbedingt brauchst? Mut! Du wirst nämlich erkennen, daß es allein an dir liegt, ob es dir trotz schlechter Umstände gutgeht oder nicht. Wenn du aus diesen Geheimnissen eigene Erfahrungen gezogen hast, merkst du sehr schnell, daß es keine Ausrede gibt, wenn etwas schiefläuft. Damit du Mut hast, die Verantwortung für dein Leben immer mehr selbst zu übernehmen, machst du jetzt wieder eine kleine Übung.

BECKENACHTEN

Du stehst mit leicht gebeugten Knien, die Füße sind hüftbreit auseinander. Du streckst die Arme nach hinten und verschränkst die Daumen ineinander.
Nun bewegst du dein Becken in einer Vor- und Rückwärtsbewegung, so daß daraus eine Acht entsteht. Der Oberkörper bleibt aufrecht, die Atmung ist fließend.
Achte darauf, daß die Arme möglichst gestreckt bleiben, während du insgesamt 30 Achten mit dem Becken malst.

Mit dem nächsten Geheimnis weißt du, was du tun mußt, um aus jedem Tief ein Hoch zu machen.

ZEHNTES GEHEIMNIS

Die Schönheit der täglichen Disziplin

Ich kenne Kinder, die das Wort „Disziplin" das erste Mal von mir hörten. Vielleicht gehörst auch du zu jenen, die dieses Vokabel nicht kennen. Weil es so wichtig ist, will ich es erklären:
Disziplin haben heißt, du erledigst jetzt, was du tun mußt, ohne ständige Aufforderung und Ermahnung durch andere.

In alten Schriften steht: **Disziplin ist eine Freude, die beim Herzen wohnt. Ein Leben ohne Disziplin ist wie ein Leben ohne Freude.**
Für Menschen, die einmal durch Selbstdisziplin bei irgendeiner Angelegenheit diese innere Freude im Herzen erfahren haben, verliert das Wort Disziplin den Anstrich von Zwang, Mühe und Joch. Sie wissen, wie sie dieses Gefühl im Herzen immer wieder empfinden können und nehmen sich gerne selbst in die Disziplin. Angenehme Begleiterscheinung ist, daß sie von anderen Menschen Ruhe haben.

Egal, was du im Leben erreichen willst, du mußt immer dafür etwas tun. Alles, was du dir selbst schaffst, ist in dir. Niemand kann es dir nehmen. Oftmals sind Beharrlichkeit und Selbstdisziplin notwendig. Dafür brauchst du Energie. Die nächsten Seiten geben dir eine Übersicht, wie du nun täglich mit den bisher gelernten Übungen umgehst, so daß „Lernen" nicht mehr ein Reizwort für dich ist.

Entdecke die Schönheit der täglichen Disziplin!

Nr.	Übung	Anzahl / Dauer	Seite
1	Gehirnknöpfe	2 Minuten massieren	14, 53
2	Denkmütze	Ohren 15× sanft entfalten	16, 55
3	Zauberpunkt	4 Minuten massieren	22, 56
4	Nilpferd	mindestens 50× jede Seite	29, 57
5	Arme kreisen	30–50×	33, 58
6	Beckenachten	30×	34, 67
Diese Reihenfolge, 2× täglich geturnt, bringt dir die Energie für leichtes Lernen und Leben.			

Trinke vor und nach den Übungen 1 Glas Wasser!

Während des Übungsprogramms ist es günstig, wenn du dir einzelne Sätze (siehe Tabelle Seite 38) leise vorsagst. So bekommen sie Kraft und helfen dir sehr schnell im Notfall.

Die Mudras und Knöpfe kannst du auch in der Schule während des Unterrichts anwenden und dich für spezielle Situationen (Prüfung, Ansage etc.) einschalten.

Kims Übungen zum leichten Lernen auf einen Blick

Diese Übersicht hilft dir, einzelne Mudras und Übungen zwischendurch einzusetzen. Lerne, dir selbst zu helfen, und gib dir die Chance, eigene Erfahrungen damit zu sammeln.

Nr.	Übung	Dauer	Wirkung und Anmerkung zur Übung
1	Erdknöpfe	2 Minuten halten	Schalten das Sehen nach unten ein. Stärken dich für Lesen, Schreiben, Gehen und Laufen. Die Erdknöpfe kannst du auch sanft massieren.
2	Raumknöpfe	2 Minuten halten	Schalten das Sehen nach oben ein. Dies ist wichtig z. B. beim Abschreiben von der Tafel. Die Raumknöpfe kannst du ebenfalls sanft massieren.
3	Gehirnknöpfe	2 Minuten massieren	Aktivieren beide Gehirnhälften, schalten das Sehen rechts/links ein. Nach einer Minute die Hände wechseln.
4	Denkmütze	10× die Ohren sanft entfalten	Die Energie der Ohren wird gestärkt. Du hörst gut hin und verstehst alles viel besser. Wenn du gähnen mußt, öffne den Mund dabei, soweit du kannst!
5	Powermudra	3 Minuten oder länger, beide Hände, 6× täglich	Bist du erschöpft, bringt es Power. Die Kraft benutze dann zum Erledigen deiner Aufgaben. Dieses Mudra kannst du auch nur mit einer Hand halten.
6	Zauberpunkt	4–12 Minuten massieren	Er hilft immer dann, wenn du dich nicht wohlfühlst oder wenn du Heißhunger auf Süßes spürst. Den Zauberpunkt mindestens 2× täglich reiben.
7	Mudra für gesunden Willen	7 Minuten, 4× täglich	Das Mudra hilft dir, Lernunwilligkeit zu überwinden und inneren Streß abzubauen. Dieser entsteht besonders durch Essen von Süßigkeiten. Naschkatzen können damit ihre Sucht zähmen!
8	Nilpferd	50–100× jede Seite	Aktiviert die Wirbelsäule und verbessert die Konzentration. Besonders nach langem Sitzen zu empfehlen.
9	Mudra zum Gehirn einschalten	4 Minuten halten, beide Hände, 6× täglich!	Fördert deine Einfälle, läßt dich kreativ sein. Hilft, dein Wissen auch bei Prüfungen parat zu haben. Wenn dir nichts mehr einfällt – Gehirnmudra halten. Dann ist Denken wieder möglich.
10	Arme kreisen	30–50×	Aktiviert die Lebenskraft allgemein und stärkt den Lungenmeridian. Achte auf regelmäßige Atmung und lockere Knie!
11	Beckenachten	30–50×	Fördern die Atmung, verbessern die Energie in der Wirbelsäule und stärken dein Immunsystem. Der Oberkörper bleibt aufrecht und der Kopf gerade nach vorne gerichtet.

Kims Geheimnisse und andere Sätze zum leichten Lernen

Diese Sätze lernst du am einfachsten, während du die Übungen dazu machst. So werden daraus Zaubersätze, die dich in deinem ganzen Leben hilfreich unterstützen.

Nr.	Das Geheimnis	wird unterstützt von	Seite
1	Nur ich selbst bin es, der mir Lust auf Lernen verschaffen kann.	Erdknöpfe, Raumknöpfe, Gehirnknöpfe	51, 52, 53
2	Das gesamte Leben ist Lernen. Lernen ist Wachstum, Leben, Abenteuer und Kreativität.	Nilpferd	57
3	Meine Aufgabe jetzt ist gehorchen und ohne Murren tun, was ich tun muß.	Beckenachten	67
4	Ich will hinhören und bereit sein, Neues aufzunehmen und zu verarbeiten.	Denkmütze, Gehirnknöpfe	55, 53
5	Immer dann, wenn ich Lust auf Süßes spüre, massiere ich den Zauberpunkt.	Powermudra, Zauberpunkt	17, 56
6	Immer wieder willens sein, erleichtert mein Leben ungemein.	Mudra für gesunden Willen	71
7	Ich will immer wieder der beste Feund meines Körpers sein und ihn mit regelmäßigen Übungen stärken.	Wasser trinken, Mudra für gesunden Willen, Nilpferd,	71, 57
8	Nachdenken viel leichter geht, wenn das ganze Gehirn zu Diensten steht.	Mudra zum Gehirn einschalten	72
9	Ich will meine Lernunwilligkeit in persönliche Motivation umwandeln.	Arme kreisen	58
10	Die Schönheit der täglichen Disziplin bringt mir für mein Leben großen Gewinn.	Gehirnknöpfe, Beckenachten	53, 67
11	Für Arbeiten und Aufgaben, die ich sowieso machen muß, will ich mich selbst motivieren oder einfach Willens sein.	Mudra zum Gehirn einschalten, Nilpferd	72, 57
12	Disziplin ist eine Freude, die beim Herzen wohnt. Ein Leben ohne Disziplin ist wie ein Leben ohne Freude.	Zauberpunkt, Arme kreisen	56, 58

VOM LEICHTEN LERNEN ZUM KREATIVEN LERNEN

Wo liegt der Unterschied?
Wenn du leicht lernen willst, mußt du sicherstellen, daß dein Körper die Energie, die er zum leichten Lernen braucht, auch hat. Mit den Übungen in diesem Buch kannst du jederzeit deinen Körper auf das Lernen vorbereiten.

Hier wieder ein Vergleich zum besseren Verstehen:
Du träumst von einer Reise in ein fernes Land und stellst dir schon vor, was du dort alles unternehmen wirst. Du kannst dir alles noch so schön ausmalen, aber hinkommen wirst du auf diese Weise nicht. Was mußt du tun?
Du mußt das Geld dafür haben! Nun kannst du es billig machen, indem du mit Autostopp unterwegs bist. Du brauchst zwar weniger Geld, aber umso mehr Zeit. Mit der Bahn oder dem Flugzeug wird das ganze schon teurer, aber du bist in kurzer Zeit am Ziel angelangt.
Du mußt dich entscheiden, was du willst. Entweder lange unterwegs sein oder viel Zeit haben an deinem Ziel. Egal, wie du dich entscheidest, ohne Geld geht's auf keinen Fall.
Also, was mußt du tun?
Geld verdienen und für deine Reise sparen! Je fleißiger du bist, desto mehr Geld bekommst du. Je mehr Geld du hast, desto mehr kannst du dir auf deiner Reise leisten.

Was hat diese Geschichte mit leichtem Lernen zu tun?
Nehmen wir an, daß dein Reiseziel ein gutes Zeugnis zum Schulabschluß ist. Glaubst du, daß du das erreichst, wenn du dich hinsetzt und davon nur träumst? Nein? Dann ist es gut. Du hast schon begriffen, daß du selbst dafür etwas tun mußt.
Was brauchst du, damit du dich nicht durch das ganze Schuljahr quälen mußt, sondern trotz Lernen noch Zeit für anderes bleibt? Richtig, Energie! (In der Geschichte von vorhin ist das Geld die Energie.)
Wenn du dir viel Energie schaffst durch regelmäßige Übungen, bist du immer schnell mit deinen Aufgaben und dem Lernen fertig. Du bist rasch am Ziel und kannst dann noch etwas unternehmen.
Wenn du immer nur von deiner Energie zehrst, aber nichts dazulegst, kommst du auch ans Ziel. Doch rennst du immer hinterher und hast kaum Zeit zum Verschnaufen. Mitunter erreichst du das Ziel gar nicht. In unserem Fall heißt das, daß du in den Ferien für die Nachprüfung lernen mußt.
Leicht lernen heißt, daß du mit regelmäßigen Übungen deinen Körper so einschaltest, daß du die Anforderungen an dich wirklich leicht schaffst.
Hast du die Stufe des leichten Lernens erklommen, geht es weiter. Du sollst dich nicht auf deinen Lorbeeren ausruhen. Denn jetzt kommt das kreative Lernen.

Du schnaufst und fragst, wann das Lernen zu Ende ist? Aber das weißt du doch schon! Lernen hört nie auf.
Stell dir vor, du triffst ein Kind in der ersten Klasse Grundschule, obwohl es schon elf Jahre alt ist. Auf deine Frage, warum es hier ist, antwortet das Kind: „Weißt du, in der ersten Klasse hat es mir damals so gut gefallen. Daher bleibe ich, bis ich neun Schuljahre habe. Das Lernen in den anderen Klassen ist mir zu anstrengend, es interessiert mich auch nicht."
Du lachst, weil du weißt, daß das gar nicht geht. Du hast recht! Kein Mensch kann sich aussuchen, in welcher Klasse er seine Schulzeit absitzt. Es ist vorgesehen, daß wir alle Klassen absolvieren.

Kreativ lernen – was heißt das?

Kreativ lernen heißt z. B. eine Verbindung zwischen Mathematik und Geographie herzustellen.
Für die Schule kreativ lernen bedeutet, daß du dich mit einem Fach über den normalen Unterricht hinausgehend beschäftigst. Du machst dich mit Sachbüchern schlau oder fragst Leute, die dir dazu etwas sagen können.
Wer liest denn wirklich Bücher, die über das in der Schule vermittelte Wissen hinausgehen? Natürlich werden Bücher gelesen, aber in erster Linie zum Thema Unterhaltung: Gruselgeschichten, Krimis und alles andere, das uns eigentlich nur ablenkt.
Welcher Schüler stellt im Unterricht dem Lehrer eine Frage, die durch das Lesen eines Sachbuches entstanden ist?
Gib dich doch nicht mit dem zufrieden, was du in der Schule hörst! Es gibt noch viel mehr. Werde kreativ, finde andere Dinge zu einem Thema heraus und überrasche deine Lehrer damit. Auch Lehrer sind Menschen mit Emotionen und Gefühlen. Wenn ein Lehrer merkt, daß seine Schüler mehr tun, als bloß in der Klasse anwesend zu sein, wird auch er Freude bei seiner Arbeit empfinden. Diese Freude wirkt sich im Unterricht aus.
Also laß dich nicht von den Erwachsenen unterhalten, damit die Zeit vergeht, sondern lerne, dir selbst etwas beizubringen! Möglichkeiten gibt es heute genug. Du mußt dich nur umsehen und kreativ werden.
Es ist auch günstig, sich in Arbeitsgruppen zusammenzuschließen. Hier kann man in der Gruppe etwas erarbeiten. Was glaubst du, wie sich Lehrer plötzlich anstrengen müssen, weil sie von ihren Schülern sachliche Fragen gestellt bekommen?

Eine ganz wichtige Regel für kreativ lernen und leben ist, daß du einige Sätze nie mehr sagst, wie zum Beispiel:

„Das weiß ich nicht."
„Ich habe keine Ahnung."
„Mir fällt nichts ein."
„Das ist mir zu blöd."

Kreativität haben heißt, schöpferisch sein. Du hast eine bestimmte Aufgabe zu erfüllen und denkst dir zum Beispiel aus, wie du das einfacher machen kannst. Ein Beispiel für Kreativität:

Du kannst sicher Schifahren. Es ist für dich selbstverständlich, mit einem Lift auf den Hang oder Berg zu fahren. Doch das war nicht immer so. Noch vor einigen Jahrzehnten mußten die Menschen zu Fuß einen Berg besteigen, um dann mit den Schiern abfahren zu können. Solche Aufstiege dauerten sehr lange und waren natürlich auch anstrengend.
Ich kann mir vorstellen, daß es einige Menschen darunter gab, die sich während der Tour Gedanken darüber machten, wie man leichter auf den Berg kommen kann. Die Idee, einen Lift zu bauen, hatten sicher mehrere Menschen. Doch damit ist es nicht getan! Eine Idee ist erst dann nützlich, wenn sie auch durchgeführt wird.
Von diesen Menschen sind es dann vielleicht nur zwei oder drei, die diesen Einfall weiterdenken und ihn in die Realität umsetzen. Das heißt, sie schaffen etwas, das ihnen selbst nützt (sie kommen jetzt bequemer auf einen Berg) und gleichzeitig vielen Menschen dient.
Alles, was dich umgibt, ist von kreativen Menschen und deren Helfern erschaffen worden. Du kennst bestimmt von Walt Disney den Erfinder Daniel Düsentrieb. Immer wieder hat er einen Einfall und überrascht seine Umgebung mit neuen Dingen, die mehr oder weniger nützlich sind.
Kreativ lernen bedeutet, die Puzzleteile aus verschiedenen Fächern zu einem ganzen Bild zusammenzusetzen. Viele Bausteine nur herumliegen zu haben, ist nutzlos. Sie jedoch benützen, um daraus ein Haus zu bauen, hat einen Sinn. Du hast dadurch ein Dach über dem Kopf und bist vor Regen geschützt.
Du als Schüler lernst einzelne Gegenstände nacheinander. Es gibt einen Stundenplan, du weißt immer, was auf dich zukommt. Im Erwachsenenleben gibt es keinen Stundenplan mehr. Vielmehr mußt du bereit sein, jederzeit alles zu können. Doch wie willst du das tun, wenn du im Detail schon nicht klargekommen bist?

Aus kreativ lernen wird kreativ leben

Kreativ leben heißt, daß du Ideen hast und durchführst, die dich in deinem Leben fördern und deiner Umgebung zumindest nicht schaden. Das ist ein wichtiger Punkt bei der Kreativität. Die sogenannten Null-Bock-Kinder, die absolut nichts freut in ihrem Leben, sind nicht kreativ. Sie verwenden ihre Energie nur darauf, herumzumotzen, herumzuhängen und blöd zu quatschen. Sie machen andere für ihr Versagen in der Schule verantwortlich und stören gerne den Unterricht.
Jene Schüler, die willens sind und lernen wollen, werden von den Faulen ausgelacht, gehänselt und beim Lernen behindert, weil sie den Lehrer mit sinnlosen Diskussionen aufhalten.
Denk doch einmal nach, zu welcher Gruppe du dich zählen kannst.
Verwendest du deine Energie nur, um dich irgendwie durch die Schulzeit durchzuschummeln, oder setzt du deine Kraft für wahres Lernen ein? Bist du ein Mensch, der einen anderen nur durch sein Erscheinen und Hiersein erfreut? Oder ergreifen die anderen die Flucht, wenn sie dich sehen?
Alle Dinge, die dich umgeben, sind von kreativen Menschen aus einem bestimmten Beweggrund heraus entstanden. Was für den einen großen Gewinn bedeutet, kann für einen anderen Menschen ein großer Verlust sein.

Wieder ein Beispiel:
Nicht alles, was erzeugt und verkauft wird, ist förderlich. Viel Geld wird verdient durch die Herstellung und den Verkauf von Süßigkeiten. Manche Kinder sind schon so zuckersüchtig, daß sie ihr ganzes Taschengeld im Supermarkt für Naschereien ausgeben. Sie stopfen sie in sich hinein. Dabei verkleben und verschleimen sie ihren ganzen Körper. Sie können sich nicht gut konzentrieren, haben ein schwaches Immunsystem, oder sie sind nicht in der Lage, zwei Minuten stillzusitzen. Sie haben dabei nämlich das Gefühl von Ameisen am Hintern. Jetzt frage ich dich einmal, wem die Süßigkeiten nützen? Sie nützen nur dem, der sie verkauft. Er verdient damit Geld. Aber der, der sein Geld dafür hergibt, ist nicht nur sein Geld los, sondern setzt auch seine Gesundheit aufs Spiel.
Irgendwann muß er dann Geld verdienen, um wieder gesund zu werden.
Also ist es doch sinnvoller, vorher zu denken und nicht nur Geld, sondern auch Energie zu sparen. So stärkst du gleichzeitg deine Gesundheit.

Lerne zu unterscheiden zwischen dem, was dein Leben fördert, und dem, was dich irgendwann krank macht. Gleichzeitig mußt du bei deinen Einfällen darauf achten, daß ihre Durchführung anderen Menschen nicht schadet.

Wieder ein Beispiel:
Du hast einen Walkman, sitzt im Autobus und hörst Rockmusik. Dagegen ist nichts einzuwenden. Wenn du sie aber so laut hörst, daß andere Menschen, die sogar weit weg von dir sitzen, diese Musik ebenfalls noch hören können, dann störst du sie! Es ist schon schlimm genug, was du deinem Körper antust, wenn du in voller Lautstärke direkt durchs Ohr in dein Hirn und Herz hämmern läßt. Aber noch schlimmer ist es, gleichzeitig dadurch ein Störfaktor in deiner Umwelt zu sein.
Überleg doch einmal. Wie kommen die anderen dazu, sich deine Musik, die ihnen vielleicht auch gar nicht gefällt, anzuhören?

Die Kreativität liegt nun darin, deinen Walkman so leise zu stellen, daß du Musik hörst, die anderen aber nicht. (Gleichzeitig wird dir dein Körper auch dankbar sein!)
Überlege einmal, in welchen Bereichen du deine Kreativität sinnvoll einsetzen kannst. Du mußt dich nicht mit schlechten Situationen abfinden und unwillig werden. Du kannst kreativ werden und einmal darüber nachdenken, wie du das Problem lösen wirst.
Kreative Menschen finden immer einen Ausweg oder haben plötzlich eine Lösung für ihr Problem. Du wirst nie von ihnen hören „Das kann ich nicht!"

Auch gesund sein muß gelernt werden!

Die Kreativität hilft dir dabei. Sie fördert dich in deinem Lernen, indem du dich fragst, warum es dir jetzt so schlecht geht. Aber das genügt nicht, sondern die Kreativität stellt dir auch die nächste Frage: „Was kann ich jetzt tun, damit ich da so rasch wie möglich wieder rauskomme?" Wenn du dann ruhig wirst, hörst du in deinem Inneren die Antwort, die du auch umsetzen mußt. Nur dann kann sich etwas ändern. Du weißt ja, das Wissen allein macht's auch nicht!
Kreativ sein bedeutet auch, daß du dich in guten Zeiten fragst, wie du diesen Zustand erhalten kannst. Was wirst du beim nächsten Tief machen, um schneller ins Hoch zu kommen?
Das alles und vieles mehr ist Kreativität. Jetzt weißt du es und kannst beginnen, deine eigene Kreativität zu fördern – aber bitte in der rechten Art und Weise.
Es gibt genug Kinder, die kreativ sind. Leider in die verkehrte Richtung. Sie setzen ihre Ideen nur dafür ein, wie sie sich in der Schule und zu Hause durchmogeln können. Sie schwindeln und lügen und merken nicht, wie sie sich dabei nur selbst schaden. Im Gegenteil, sie sind noch stolz auf ihre Leistung!

Solche Menschen sind bedauernswert. Sie haben nämlich keine Ahnung, welche Probleme das Leben für sie bereithält, wenn sie ihre Lernunwilligkeit nicht aufgeben und Kreativität falsch einsetzen!

Merke dir: Kreativ sein heißt, Lösungen zu finden, die dein Leben fördern.

Du bist der Meister deines Lernens!

Strebst du nach dieser Meisterschaft, entwickelst du gleichzeitig ein Verstehen für dich selbst. Schließlich kannst du nicht jeden Tag in gleich guter Form sein. Das Leben ist ja Bewegung, das Auf und Ab ist natürlich.

Wenn du einen Fehler machst, kannst du dir selbst auch beistehen. Ein Meister kann zurücktreten. Wenn ich merke, daß Dinge sich nicht vorteilhaft entwickeln, werde ich vorsichtig. Ich trete zurück und gestehe meinen Fehler freimütig ein.

Kannst du falsche Handlungen nicht zugeben, steigt zwangsläufig der innere Widerstand. Du bist gezwungen etwas aufrechtzuerhalten, wovon du eigentlich gar nicht mehr überzeugt bist. Du tust das nur, um vor anderen keine Schwäche zu zeigen. Und das kostet Lebenskraft und macht Streß. Die Angst, daß jemand alles entdecken kann, steigt täglich.

Oberflächliche Menschen nehmen es dir auch ab, wenn du schwindelst und lügst. Aber merke dir, dich selbst kannst du nicht belügen! Lebst du eine Illusion, bricht eines Tages das Kartenhaus zusammen. Meistens kommt der Zeitpunkt dann, wenn du ihn am wenigsten verkraftest.

Menschen, die sich ihre Siege erschwindeln, werden zwar heute gefeiert. Doch schon morgen können sie am Abgrund der Verzweiflung stehen. Denn alles ist plötzlich kaputt – die Gesundheit, die Beziehung, das Vermögen, sie stehen vor dem Nichts.

Solch ein Lebensdrama bahnt sich bereits viele Jahre vorher in der Schule an. Entweder, weil du immer andere findest, die dir den Lernstreß abnehmen und für dich alles machen. Oder weil du dich einfach durch alle Klassen und Prüfungen irgendwie durchschummelst. Diese Schuld muß eines Tages bezahlt werden! Meistens wird die Rechnung dann vorgelegt, wenn du sie überhaupt nicht verkraften kannst.

Oft haben Menschen ihre Schuld vergessen. Sie sind dann völlig überrascht und können die Zusammenhänge zwischen Damals und Heute nicht erkennen.

Anstatt ruhig zu sein und mit den Aufräumungsarbeiten zu beginnen, jammern und schimpfen sie herum. „Warum gerade ich? Was hab' ich denn getan, daß mir so etwas passiert?" Sie machen andere für ihre Lage verantwortlich und fühlen sich als Opfer der Gesellschaft. Ihre Lernunwilligkeit verhindert, daß sie die wahre Ursache – nämlich sich selbst – erkennen können. Wären sie kreativ, würden sie aus ihren Aufräumarbeiten großen Nutzen für das weitere Leben ziehen. Da sie es meistens nicht sind, „zerbrechen sie am Leben", und nichts kann ihnen mehr Freude bereiten.

Merke dir: Du bist der Meister deines Lernens. Du bist immer mit deinem Streß alleine, und nur du kannst ihn meistern durch Kreativität, willens sein und Disziplin.

Wenn du das erkannt hast und immer öfter danach lebst, entwickelst du für deine Schwierigkeiten ein Verstehen. Probleme sind da, um gelöst zu werden! Denn die Lösung bringt dir eine Erfahrung, die dir hilft, deine nächste Aufgabe zu lösen.

Der Abbau des inneren Widerstandes

Um Probleme lösen zu können, mußt du zuerst einmal deinen inneren Widerstand abbauen.
Damit du das Thema gut verstehst, machen wir einen Ausflug in die Physik. Dort wird der innere Widerstand folgendermaßen definiert:

Wir haben einen Metalldraht und legen eine Spannung an. Durch den Strom, der nun durch den Draht geschickt wird, bewegen sich die Elektronen im Draht. Durch diesen Elektronenfluß, von uns „Strom" genannt, können wir z. B. eine Glühlampe zum Leuchten bringen.
Wenn wir jetzt diesen Elektronenfluß verstärken, das heißt, die Stromzufuhr erhöhen, leuchtet aber die Glühlampe nicht in demselben Maß heller. Von der erhöhten Strommenge ist nur ein Teil bei der Lampe angekommen. Diese Strommenge ist von der Drahtstärke abhängig.
Wird die Stromstärke erhöht, erhöht sich die Bewegungsgeschwindigkeit der Elektronen. Durch den entstehenden Reibungsvorgang erwärmt sich der Draht. Je höher die Stromstärke wird, desto wärmer wird das Metall. Die Erwärmung des Metalls ist aber nichts anderes als eine verstärkte Schwingungsbewegung der Atome im Metall. Diese unkontrollierte Schwingungsbewegung behindert aber nun die Elektronenbewegung.

In der Physik heißt das nun: der innere Widerstand im Draht steigt an. Er wird in Ohm gemessen. Durch Erhöhung der Stromstärke steigt der innere Widerstand schließlich so an, daß der Draht irgendwann zu heiß wird und schmilzt.

Genau das passiert auch bei Menschen, die zuwenig Energie haben (der Draht ist zu dünn), ihre Arbeit zu tun. Sie schieben die Arbeit vor sich her. Doch je mehr sie das tun, desto größer wird der innere Widerstand, diese Arbeit zu erledigen.
Alleine das Denken an eine bestimmte Arbeit verursacht Streß, der natürlich Energie kostet. Wenn du nun den Gedanken an diese Arbeit bekämpfst, vergeudest du deine Energie noch einmal. So erhitzt du dich durch Streß und Streßvermeidung immer mehr, bis dein System zusammenbricht.
Wenn du erkennst, daß du auf deinem Weg des Lebens als Schüler und später als Erwachsener immer wieder Arbeit hast, ist es doch besser, sich darauf einzustellen und die anfallenden Tätigkeiten gleich zu tun. Somit sparst du viel Energie.
Du kennst sicher folgenden Spruch: „Fang die Arbeit fröhlich an, dann ist sie auch schon halb getan." Dieser Satz erklärt das obige Beispiel in Kurzform.
Wenn wir die Strommenge und den Durchmesser des Drahtes in ein richtiges Verhältnis bringen, bleibt der Draht immer schön kühl, und die Menge, die wir durch den Draht schicken, kommt zum größten Teil auf der anderen Seite nutzbar an. Je heißer der Draht wird, desto weniger kommt an, weil die Elektronen so schnell vibrieren, daß die gesamte Menge der Elektrizität als Wärmeenergie im Draht steckenbleibt.
Du weißt nun, daß ein kalter Körper die Energie besser weiterleiten und nutzen kann. Daher achte ab jetzt immer darauf, „cool zu bleiben".

Überwinde deinen inneren Widerstand!

Mit ein bißchen willens sein kannst du auch das meistern.
Du streßt dich nicht probehalber mit dem, was auf dich zukommt. Das heißt, du murrst oder maulst nicht. Du widersprichst auch nicht lautstark und dramatisch, denn das kostet nur unnötig Energie. Machen mußt du die Arbeit ja trotzdem irgendwann einmal. Also wozu aufregen? Bleib cool!
Besser ist es, den anderen erst einmal ausreden zu lassen. Du sollst dir zuerst anhören, was der andere dir vermitteln will. Oftmals stellst du fest, daß das ja gar nicht schlimm ist, was der andere von dir will. Am Ende hast du vielleicht sogar noch Spaß daran gehabt. Regst du dich aber vor jeder Arbeit probehalber auf, wirst du nie solch eine Erfahrung machen.
Werde der unbestechliche Kontrolleur und Meister deines inneren Widerstan-

des! Sonst vergeudest du 80% deiner Energie, um dich aufzulehnen, obwohl 10% gereicht hätten, diese Arbeit zu tun!

Nun ist es so, daß der innere Widerstand nicht nur durch die Arbeiten, die du tun mußt, genährt wird. Es gibt auch Tätigkeiten, die zwar viel Freude machen, die aber trotzdem große Energieräuber sind. Zum Beispiel Fußball- oder Tennisspielen kosten dem Körper viel Substanz, Fernsehen und Computerspiele ebenso.

Ich habe festgestellt, daß ein Kind, das 25 Minuten fernsehen will, je 300 Nilpferdübungen und 5 Minuten Powermudra machen muß, um keinen Energieverlust zu erleiden.

Weißt du, was es kostet, ein Stück Torte oder zwei Kugeln Eis zu essen? 100 Beckenachten und 80 Arme kreisen! Du mußt sie aber vor dem Essen machen, wenn's funktionieren soll. Probier das einmal aus. Du wirst feststellen, daß der Aufwand der Übungen in keiner Relation steht zu dem Genuß, den wir uns dadurch verdienen.

Ich kenne Kinder, die nach dem Training oder Spielen überhaupt keine Lust haben, ihre Hausaufgaben zu schreiben. Wenn der Körper bei der angeblichen Freude viel Energie verloren hat, kann auch keine Lust zum Lernen oder Arbeiten aufkommen. Jetzt steigt der innere Widerstand so enorm, daß das ganze System (also du selbst) nur noch kollabieren kann.

Das zeigt sich durch den sogenannten Null-Bock: „Ich mag nicht, ich will nicht, ich bin müde. Das mach' ich morgen." etc.

Wenn du regelmäßig ein paar von den Übungen machst, die ich dir im Übungsteil dieses Buches ab Seite 50 beschreibe, vermeidest du Substanzverlust. Du hast immer deine Energie zur Verfügung für das, was du tun mußt, tun willst und tun sollst. Was, du hast keine Zeit für die Übungen? Ich glaube, ich muß jetzt ein bißchen donnern!

Denk doch einmal über folgendes nach:

Kinder (und viele Erwachsene) haben Zeit, stundenlang fernzusehen, Computerspiele zu machen oder sich ein Video nach dem anderen reinzuziehen. Aber wenn es darum geht, eine kleine Übungsfolge, die nur 10 Minuten dauert, zu turnen, haben sie keine Zeit. Es bedarf von seiten der Eltern manchmal langer Ermunterungen, nur damit der Sprößling ein paar Minuten lang seine Ärmchen und Beinchen entsprechend bewegt.

An dieser Geschichte merken wir, mit welchem Aufwand wir Dinge abwehren, die so natürlich sind, daß eine Verteidigung sowieso keinen Sinn hat. Wozu der Kampf? Spar dir deine Energie und fang einfach an, denn es ist besser nachzugeben, als zu Schaden zu kommen.

Stell dir einmal vor, du bist zu faul zum Atmen. Du kannst das Atmen aber nicht abstellen!

Atmen ist so natürlich für unser Leben, daß der Körper weiteratmet, selbst wenn du nicht mehr willst. Klar kannst du es für kurze Zeit aufhalten, aber allzu lange hältst du es nicht aus. Der nächste Atemzug kommt bestimmt! Ob du willst oder nicht, steht dabei überhaupt nicht zur Diskussion.

Zum natürlichen Ablauf im Leben zählen nicht nur das Atmen, Essen und Schlafen, sondern auch das Übungen machen, das Lernen und Arbeiten.

Oft legen sich Menschen ein falsches Gedankenmodell zu, das ihren inneren Widerstand noch mehr nährt. Ich will dir jetzt einmal so ein falsches Gedankenmodell erklären.

Nehmen wir an, du hast Lernprobleme in Mathematik. Du machst dir aber nichts daraus, bemühst dich auch nicht, es zu begreifen, weil dir irgendwann deine Mutter erzählte, daß sie ebenfalls in ihrer Schulzeit damit Schwierigkeiten hatte. Also ist für dich klar, daß sie dir diese Schwäche „vererbte". Anstatt gerade der Mathematik besondere Aufmerksamkeit zu geben, drückst du dich davor, wo du kannst. Du schreibst von anderen ab, du fehlst im Unterricht und schummelst dich irgendwie durch.

Das richtige Gedankenmodell dazu wäre, einfach das zu tun, was in Mathematik verlangt wird. Denn es ist zu schaffen! Mach dich sachkundig, lerne und übe und zeige deiner Mutter, daß du etwas kannst, obwohl sie in diesem Fach gescheitert ist.

Falsche Denkmodelle liefern dir immer eine logische Erklärung, warum du das jetzt gerade nicht machen willst. Aber eines ist klar, liebe Freunde – irgendwann müssen wir es machen. Wenn es nicht jetzt im Schulalter ist, dann mußt du es als Erwachsener lernen. Denn irgendwann kannst du Dinge nicht mehr aufschieben. Dann wirst du eben anders gezwungen, sie anzupacken. Da hilft kein Maulen, Heulen und Zähneklappern, sondern nur noch das Tun!

Daher halte deinen inneren Widerstand schön unten, bleib kühl und sei ein bißchen willig. Plötzlich wird die Welt von alleine schön, Menschen werden nett, die vorher gar nicht nett zu dir waren. Aus widrigen Zeitgenossen werden angenehme Freunde.

Auf Seite 77 findest du eine Übungsfolge zum Abbauen des inneren Widerstandes. Mache sie einfach und stelle fest, wie du plötzlich deine Arbeiten gelassen angehst.

DIE POWERÜBUNGEN

In diesem Abschnitt findest du 15 Übungen aus der Edu-Kinästhetik. Du kannst eine Übung für eine ganz spezielle Situation turnen. Vielleicht gelingt es dir sogar, mehrere Übungen hintereinander zu machen.
Die Wirkung jeder Übung hängt davon ab, wie lange du sie machst. Du mußt sie zumindest in der vorgeschriebenen Anzahl bzw. Dauer durchführen, um daraus wirklich den Nutzen, den ich hier beschrieben habe, zu ziehen. Übungen nur angedeutet oder halbherzig geturnt, bringen ebenso halbe Ergebnisse.

Wolfgang (12) und Nina (12) zeigen dir auf den nächsten Seiten die Übungen. Für beide ist das tägliche Üben seit drei Jahren eine Selbstverständlichkeit. Sie haben die Hilfe durch die Übungen schon an sich selbst erfahren.

Komm, mach mit, es zahlt sich aus!

1. ERDKNÖPFE

SO GEHT'S Du berührst mit zwei Fingern der einen Hand den oberen Teil deines Schambeinrandes. Zwei Finger der anderen Hand berühren den Punkt unterhalb der Unterlippe.

SO LANGE Du hältst diese zwei Punkte mindestens eine Minute.

SO WIRKT'S Die Erdknöpfe schalten das Sehen nach unten ein.
Sie sind hilfreich beim Schreiben, Lesen, Gehen und Laufen.
Sie helfen dir, wenn du Angst vor Höhen hast, wie z. B. beim Sessellift fahren oder beim Klettern auf einen Baum.

2. RAUMKNÖPFE

SO GEHT'S Du berührst mit zwei Fingern der einen Hand den Punkt am Steißbein. Er befindet sich am untersten Ende der Wirbelsäule. Zwei Finger der anderen Hand berühren den Punkt oberhalb der Oberlippe.

SO LANGE Du hältst diese zwei Punkte mindestens eine Minute.

SO WIRKT'S Die Raumknöpfe schalten das Sehen nach oben ein.
Sie sind wichtig beim Abschreiben von der Tafel.
Sie helfen dir, wenn du eine schwere Schultasche auf dem Rücken trägst. Die Raumknöpfe stärken die Wirbelsäule.

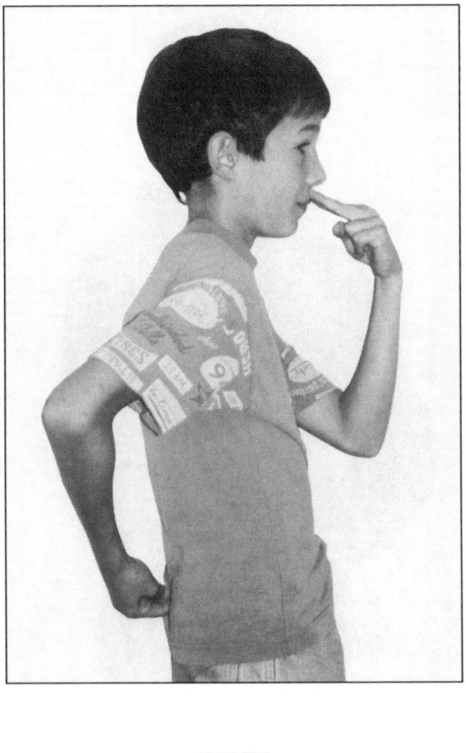

3. GEHIRNKNÖPFE

SO GEHT'S Du berührst mit zwei Fingern der einen Hand den Nabel. Den Daumen der anderen Hand legst du in das rechte Grübchen unterhalb deines Schlüsselbeins. Mit Zeige- und Mittelfinger berührst du das linke Grübchen. Nun massierst du mit leichtem Druck alle drei Stellen gleichzeitig. Nach zirka einer Minute wechselst du die Hände.

SO LANGE Jede Seite eine Minute massieren.

SO WIRKT'S Die Gehirnknöpfe aktivieren deine Gehirnhälften und schalten sie zusammen.
Die Wahrnehmung nach links und rechts verbessert sich. (Damit kannst du auch besser von deinem Nachbarn abschreiben!)
Wenn du morgens nicht aus dem Bett kommst, reibe diese Punkte vier Minuten lang. Du wirst viel leichter aufstehen!
Die Gehirnknöpfe aktivieren deine Lebensgeister, wenn du faul herumhängst und zu nichts Lust hast. Reibe sie einfach und warte ab, was passiert!

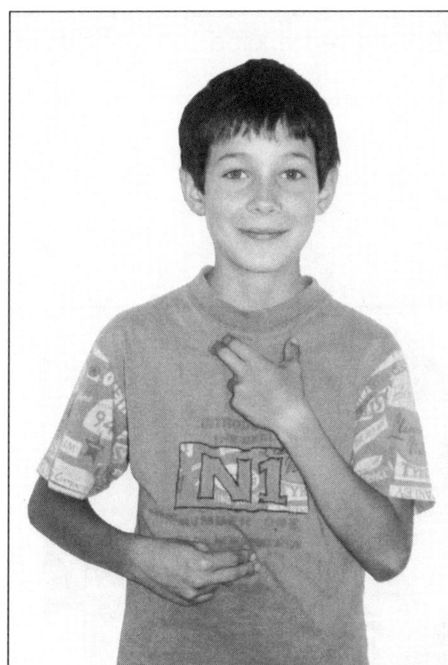

4. POSITIVE PUNKTE

SO GEHT'S Du berührst sanft mit Zeige- und Mittelfinger jeder Hand deine Stirnbeinhöcker. Das ist die Mitte zwischen dem Haaransatz und den Augenbrauen. Diese Punkte hältst du solange, bis du ein gleichmäßiges Pulsieren unter den Fingerspitzen spürst. Du kannst währenddessen gerne die Augen schließen.

SO LANGE Entweder 2–5 Minuten halten oder so lange, bis sich Gähnen oder ein tiefes Durchatmen einstellt.

SO WIRKT'S Die Positiven Punkte bauen emotionalen Streß ab. Bist du aufgeregt, suchst du schon lange etwas krampfhaft, kannst du nicht mehr klar denken, dann bist du mit dem Halten der Positiven Punkte gut beraten.
Wenn du z. B. im Wartezimmer deines Zahnarztes sitzt und weißt, daß er heute bohren wird, dann ist es gut, wenn du die Positiven Punkte hältst und in Gedanken diese Situation durchgehst. Arbeitet er dann mit dir, hast du viel weniger Angst, und die Behandlung ist schneller vorbei.
Also, immer dann, wenn allein der Gedanke an eine bestimmte Situation Panik oder ein ungutes Gefühl in dir verursacht, hältst du deine Stirnbeinhöcker. Die Wirkung verstärkst du, indem du die Punkte mit gekreuzten Händen berührst.

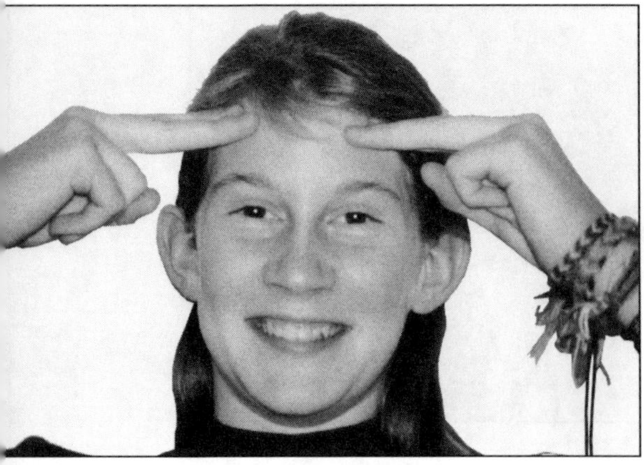

5. DENKMÜTZE

SO GEHT'S Entfalte sanft deine Ohren. Beginne oben und massiere am Ohrrand entlang nach unten. Ziehe sanft an den Ohrläppchen. Wiederhole diese Bewegung immer wieder von oben nach unten. Wenn du gähnen mußt, öffne dabei den Mund, so weit du kannst.

SO VIEL Mindestens 10×.

SO WIRKT'S Die Denkmütze bringt dich vom **Zu**hören zum **Hin**hören.
Du verarbeitest das Gehörte besser.
Sie hilft dir, wenn du dich von anderen immer leicht ablenken läßt.
Schalte deine Ohren ein, und du kannst dich gut konzentrieren.

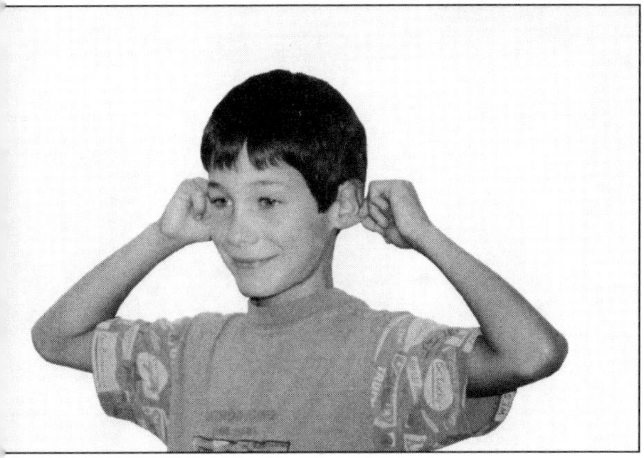

6. ZAUBERPUNKT

SO GEHT'S Du legst zwei Finger der linken Hand auf die Innenseite des rechten Handgelenks. Diesen Punkt nun sanft massieren.

SO LANGE 4–12 Minuten, mindestens zweimal täglich.

SO WIRKT'S Der Zauberpunkt hilft dir immer dann, wenn es dir körperlich nicht gutgeht.
Außerdem unterstützt er dich, deine Sucht nach Süßem zu überwinden.

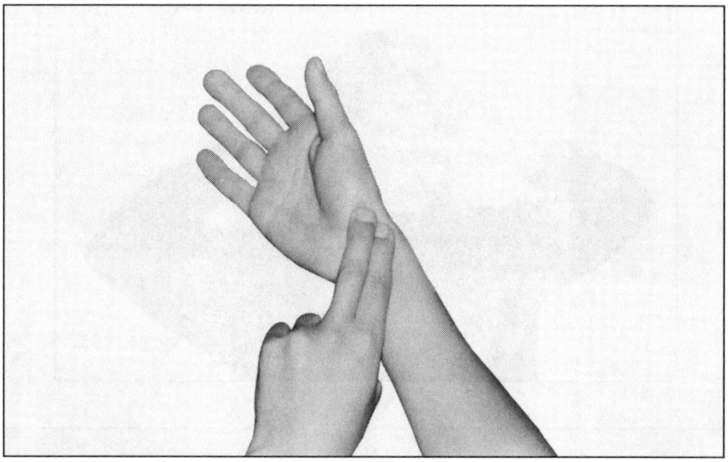

7. NILPFERD

SO GEHT'S Du stehst, die Beine sind hüftbreit auseinander, die Füße zeigen gerade nach vorne. Die Knie sind gebeugt. Du schwingst nun die gestreckten Arme abwechselnd von vorne nach hinten. Der nach vorne und der nach rückwärts gestreckte Arm bilden mit den Schultern eine Linie. Achte darauf, daß du während der Bewegung eine Spannung bis in die Fingerspitzen spürst und die Knie leicht federn.

SO VIEL Jede Seite mindestens 50×.

SO WIRKT'S Das Nilpferd bringt nach langem Sitzen deine Wirbelsäule in Schwung.
Es steigert deine Lebenskraft enorm und balanciert den Schultergürtel.
Wenn du schwer getragen hast, machst du die Muskeln damit wieder locker.

8. ARME KREISEN

SO GEHT'S Du stehst, die Füße sind hüftbreit auseinander, die Knie locker. Du kreist nun mit beiden Armen gleichzeitig von vorne nach oben, über den Kopf nach hinten. Achte darauf, daß die Ellbogen gestreckt bleiben.

SO VIEL 50× und mehr.

SO WIRKT'S Arme kreisen verbessert deine Atmung. Du weißt, ohne Atmung kein Leben. Für alle deine Unternehmungen brauchst du Luft.
Falls du zu den ängstlichen Typen gehörst, machst du das Arme kreisen mindestens 5× täglich. Damit steigt auch dein Mut.
Außerdem verbessert sich dein Immunsystem. Du bist für Erkältungen nicht mehr so anfällig.

9. LÄNGEN DER WADEN

SO GEHT'S Du stehst und stützt die Arme in Schulterhöhe an der Wand ab. Du bringst ein Bein so weit nach hinten, daß das Knie gestreckt und die Ferse am Boden ist. Du atmest ein und verlagerst dein Gewicht derartig auf das vordere Bein, daß du in der hinteren Wade eine Dehnung spürst. In dieser Position atmest du zweimal tief ein und aus, dann wechselst du die Seite.
Achte darauf, daß der Oberkörper während der gesamten Übung aufrecht bleibt.

SO VIEL Jede Seite 3×.

SO WIRKT'S Das Längen der Waden entspannt die Unterschenkelmuskeln so, daß sich das besonders günstig auf deine Schrift auswirkt. Immer dann, wenn du im Kopf inneren Widerstand gegen irgendetwas spürst, verteilst du durch diese Übung den Dampf im Gehirn in den restlichen Körper. Das heißt, du kühlst ab und kannst wieder klar denken.

10. SICH ÜBER KREUZ BEWEGEN MIT AUGENKREISEN

SO GEHT'S Du machst eine Überkreuzbewegung: das linke Knie mit dem rechten Ellbogen und danach das rechte Knie mit dem linken Ellbogen vor deiner Körpermitte zusammenbringen. Wenn du diese Bewegung gut kannst, kreist du gleichzeitig mit den Augen im äußersten Augenwinkel.
Anfangs ist es besser, wenn jemand vor dir mit seinem Arm einen großen Kreis in die Luft malt und du nur mit den Augen seinen Fingern folgst. Achte darauf, daß der Kopf dabei gerade bleibt.
Funktioniert diese Übung schon gut, malen deine Augen ohne Hilfe einen Kreis, während du dich über Kreuz bewegst.

SO VIEL Je fünf Augenkreise in beide Richtungen.

SO WIRKT'S Sich über Kreuz bewegen mit Augenkreisen verbindet deine Gehirnhälften. Das Gelernte hast du auch in schwierigen Situationen parat. Du verhinderst damit die weiße Wand in deinem Gehirn.
Wenn du dich gut über Kreuz bewegen kannst und auch schon deine Augen dabei kreisen, kommt automatisch Beweglichkeit ins Denken. Also, wenn dir gar nichts einfällt, massierst du zuerst 2 Minuten die Gehirnknöpfe und machst danach die Überkreuzbewegung mit dem Augenkreisen.

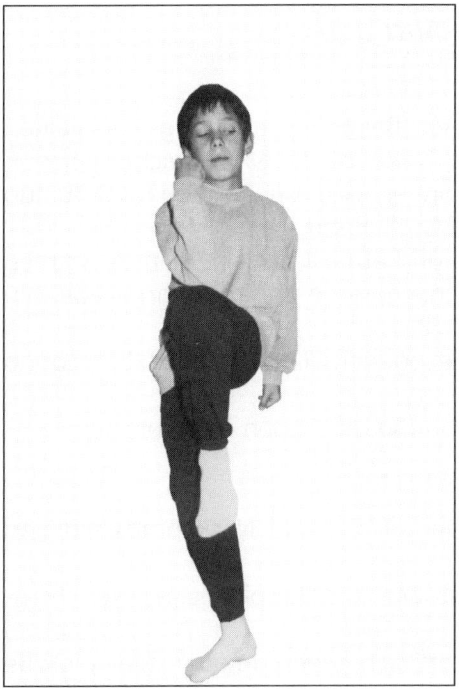

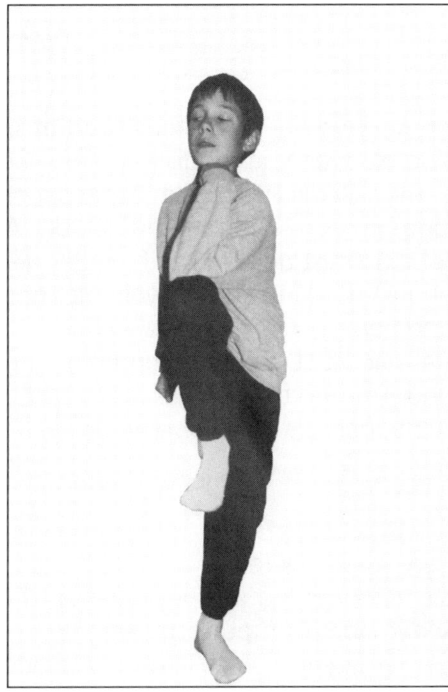

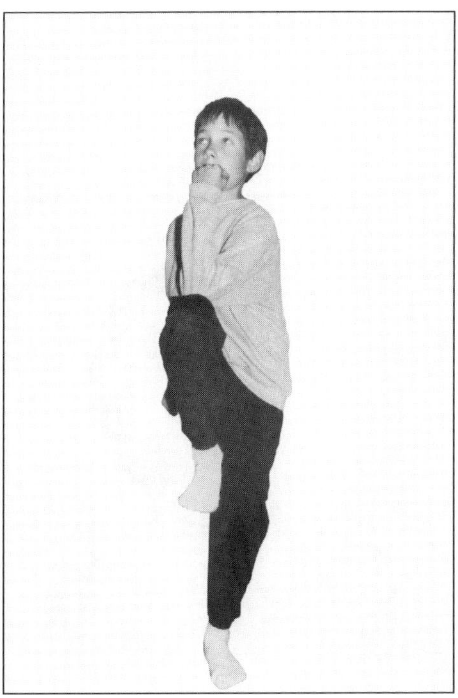

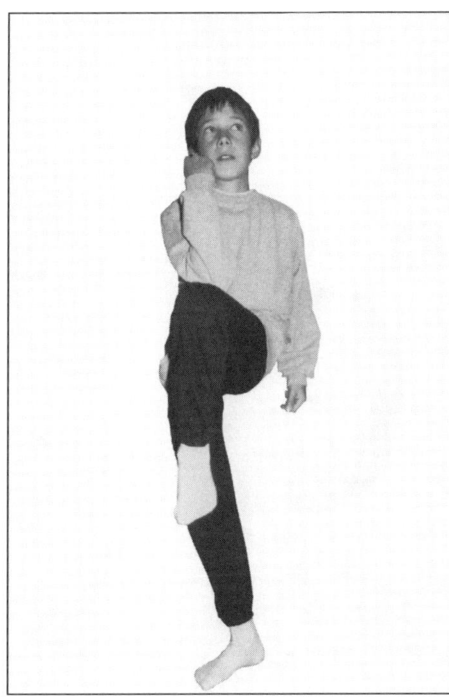

11. NACKENROLLE

SO GEHT'S Du stehst und atmest ein. Beim Ausatmen legst du deinen Kopf so weit wie möglich in den Nacken. Dabei ist der Mund leicht geöffnet, damit sich die Halsmuskeln entspannen können. In dieser Position rollst du nun langsam den Kopf hin und her, der Atem ist fließend.

Jetzt richtest du den Kopf wieder gerade und atmest tief ein. Beim Ausatmen beugst du den Kopf so weit wie möglich nach vorne und rollst ihn wieder hin und her.

Der nächste Durchgang findet mit hochgezogenen Schultern statt. Bewegung und Atmung bleiben gleich.

Achte darauf, daß während der ganzen Übung die Augen offen bleiben.

SO VIEL In jeder Position mindestens 5×.

SO WIRKT'S Die Nackenrolle entspannt Hals- und Nackenmuskeln und den Schulterbereich.

Sie hilft, wenn du deine Augen anstrengst, wie zum Beispiel beim Lesen, Fernsehen oder Computerspielen.

Sie verbessert deine Haltung und erleichtert dich, wenn du meinst, eine große Last auf deinen Schultern zu tragen.

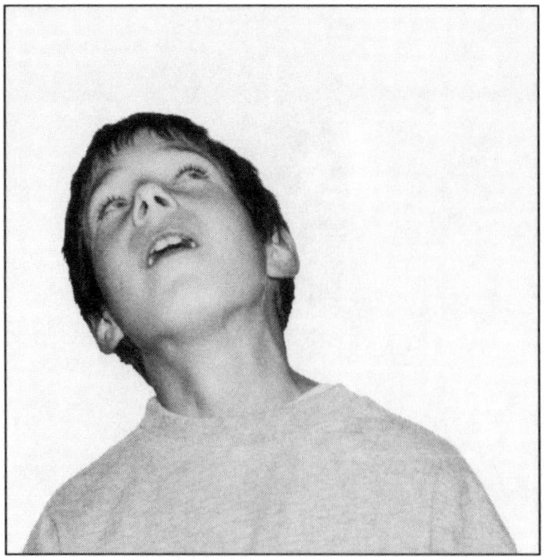

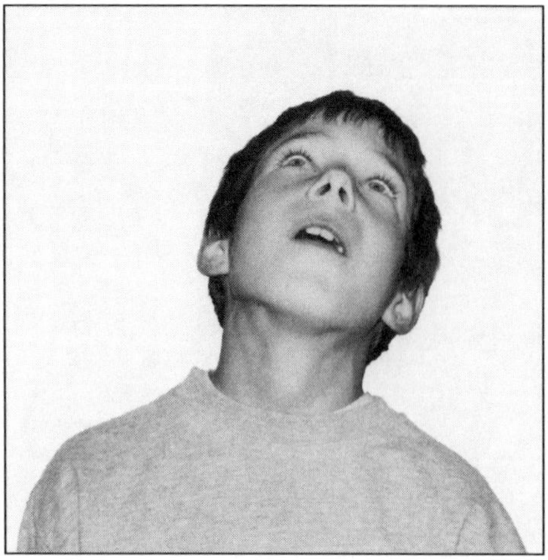

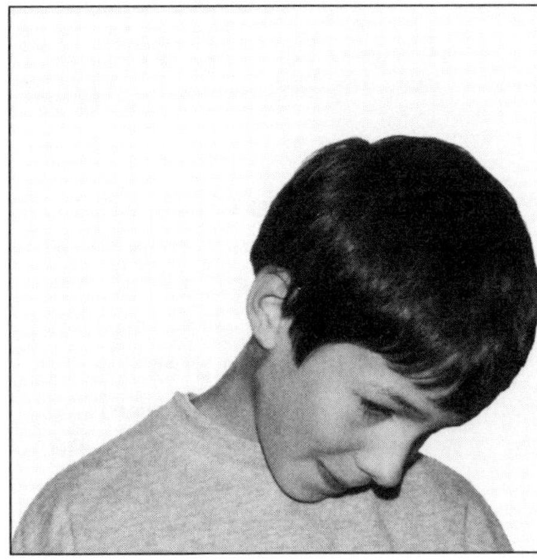
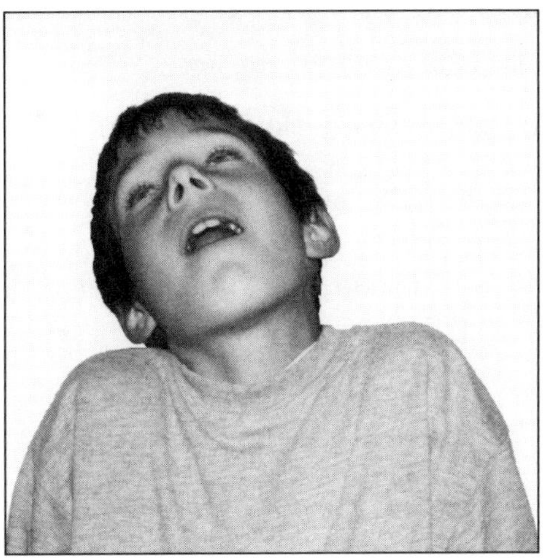
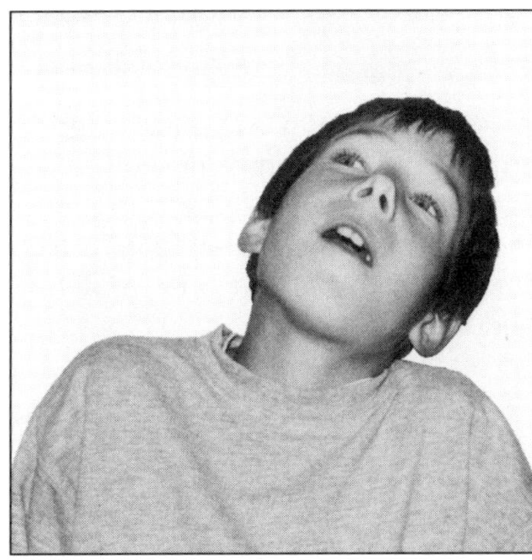
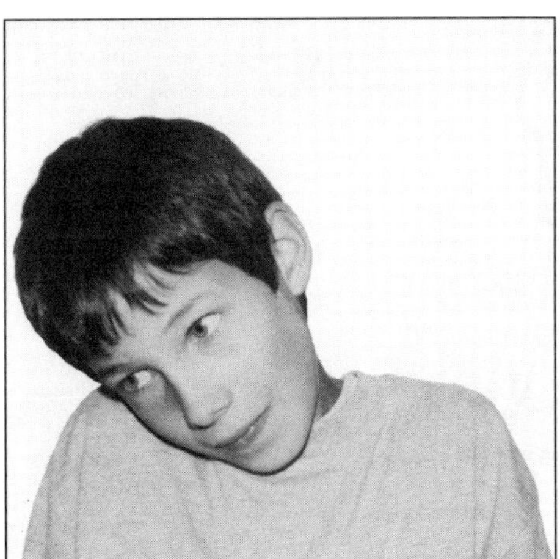

12. LÄNGEN DER ARMMUSKELN

SO GEHT'S Du streckst den einen Arm aus der Hüfte heraus nach oben und umfaßt mit der anderen Hand über deinen Kopf hinweg den Oberarm.
Du atmest tief ein und ziehst beim Ausatmen den Arm zur Seite, hältst ihn aber gleichzeitig mit der Hand fest. Dabei entsteht ein Gegendruck, den du zwei Atemzüge lang aufrechthältst.
Beim Lockerlassen wieder tief einatmen und nun den Druck in die Gegenrichtung ausführen. Dabei ist es natürlich notwendig, daß du die Haltehand anders positionierst.
Genau dasselbe machst du noch nach vorne und dann nach hinten.
Jetzt erst wechselst du den Arm. Zum Schluß läßt du deinen Oberkörper nach vorne hängen und schüttelst die Arme aus.

SO VIEL Jede Seite abwechselnd je 3×.

SO WIRKT'S Das Längen der Armmuskeln aktiviert die Sehnen im Oberarm und einige Rumpfmuskeln.
Es entspannt den Schultergürtel und verbessert dein Schriftbild.
Die Feinmotorik der Hände wird eingeschaltet.
Du bist beim Basteln oder anderen kniffligen Kleinarbeiten geschickter und geduldiger.

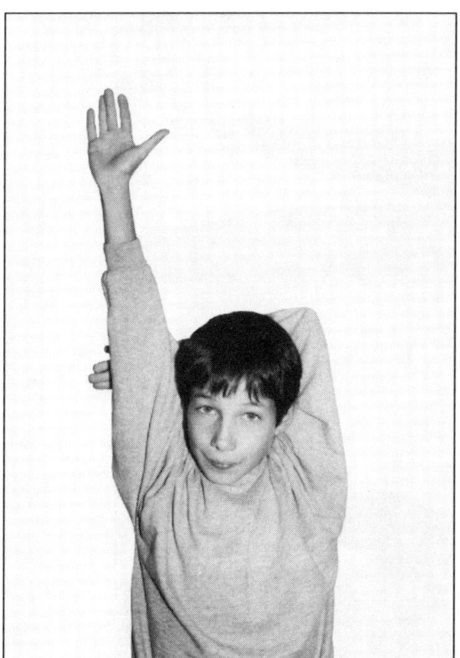

13. RADFAHRER

SO GEHT'S Du liegst auf dem Rücken und legst die abgewinkelten Arme neben deinen Kopf. Achte darauf, daß die Unterlage nicht zu hart ist. Nun hebst du den Kopf und bringst den linken Ellbogen zum rechten Knie und danach den rechten Ellbogen zum linken Knie. In dieser Überkreubewegung „fährst" du und achtest darauf, daß du immer schön weiteratmest. Wenn du erschöpft bist, machst du eine kleine Pause, um dann wieder weiterzuradeln.

SO VIEL Je 20×, im Laufe der Zeit auf je 50× steigern.

SO WIRKT'S Der Radfahrer aktiviert den Energiefluß in deiner Wirbelsäule und verbindet deine Gehirnhälften.
Falls du Probleme mit deiner Figur hast, kannst du mit dieser Übung auch deinen Bauch stärken.
Der Radfahrer macht dich munter, bringt dich zum Atmen und fördert deine Kondition.

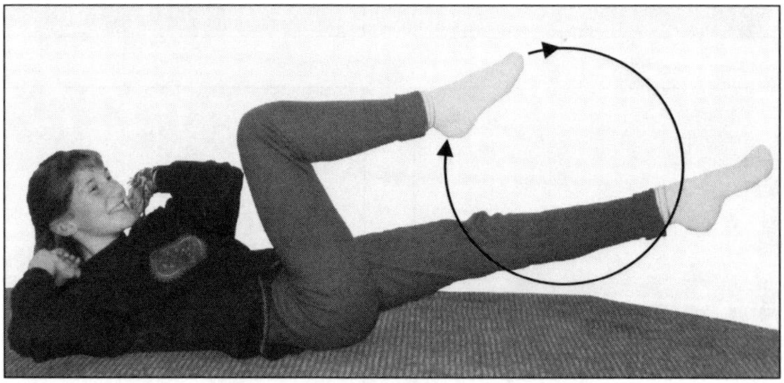

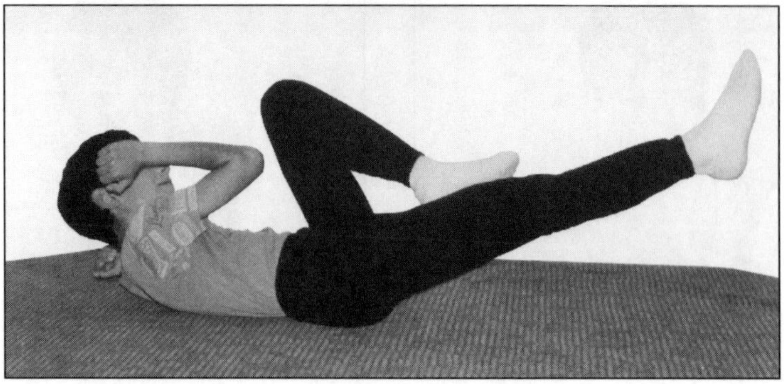

14. BECKENACHTEN

SO GEHT'S Du stehst mit leicht gebeugten Knien, die Füße sind hüftbreit auseinander. Du streckst die Arme nach hinten und verschränkst die Daumen ineinander. Nun malst du mit dem Becken eine Vor- und Rückwärtsbewegung, so daß daraus eine Acht entsteht.
Der Oberkörper bleibt dabei aufrecht, die Atmung ist fließend. Achte darauf, daß die Arme möglichst gestreckt bleiben.

SO VIEL Mindestens 30×, zwischendurch Daumenposition wechseln.

SO WIRKT'S Die Beckenachten balancieren deine Atmung und die Wirbelsäule.
Du stärkst sogar dein Immunsystem, wenn du diese Übung mehr als dreimal täglich machst. Du weißt ja schon, daß eine gute Atmung auch gesunden Mut macht.
Besonders nach langem Sitzen ist dein Körper für die Beckenachten dankbar. Da du selbst der beste Freund deines Körpers bist, wirst du sie von jetzt ab auch täglich machen.

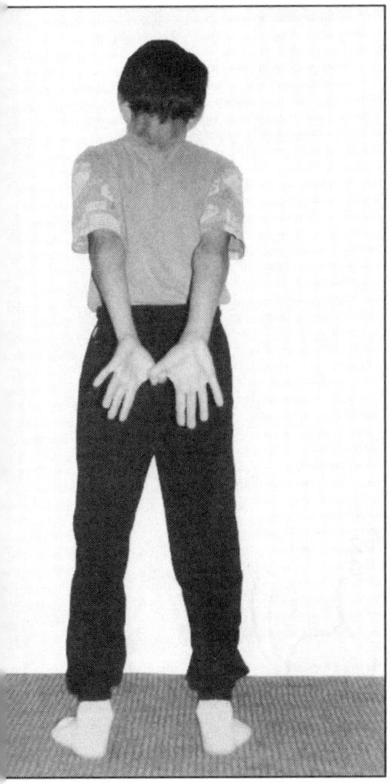

15. SCHNELLES GEHEN

SO GEHT'S Du gehst schnell und bist dir dabei deiner Atmung bewußt. Vier Schritte lang einatmen, vier Schritte lang ausatmen. Die Arme sind locker und schwingen mit. Du sollst beim schnellen Gehen nichts tragen, denn die Überkreuzbewegung, die die Arme und Beine beim Gehen automatisch machen, stärkt deine Lebenskraft.

SO LANGE Mindestens 20 Minuten, 2× täglich.

SO WIRKT'S Das schnelle Gehen bringt deinem Körper gute Gesundheit. Sämtliche Bewegungsreflexe werden angeregt, und der Kreislauf wird aktiviert. Du bekommst außerdem Kondition und eine gute Atmung.

DIE MUDRAS

Mudras sind Fingerstellungen, die den Körper in seiner Selbstheilungskraft unterstützen. Du kannst Mudras nahezu bei allen Gelegenheiten halten, denn oft genug hast du mit den Händen nichts zu tun.
Am besten ist es, wenn du mit dem Mudra-Halten schon auf dem Schulweg beginnst. Mußt du im Unterricht nur aufpassen, sind die Finger frei für Mudras. Manche Mudras sind sogar während des Schreibens geeignet, weil du sie auch nur mit einer Hand machen kannst.
Zu Hause beim Fernsehen oder Lesen, beim Liegen in der Badewanne und immer dann, wenn du gerade nicht weißt, was du mit deinen Händen tun sollst, bringst du die Finger zusammen.

Der Unterschied zwischen den Powerübungen und Mudras liegt darin, daß du Mudras nahezu jederzeit anwenden kannst. Sogar wenn du mit Fieber krank im Bett liegst oder eine Schularbeit schreiben mußt, unterstützen dich die Mudras währenddessen.
Die Powerübungen wieder haben den Vorteil, daß viele Körperpartien gleichzeitig bewegt werden und du schnell deine Energie aktivierst.

1. *MUDRA ZUR FINGER-BEWEGLICHKEIT*

SO GEHT'S Du legst die Finger beider Hände so um den Daumennagel, wie du es auf dem Bild siehst. Alle Finger, mit Ausnahme des Zeigefingers, spielen mit. Du hältst die Finger so, daß die vier Fingernägel eine möglichst ebene Fläche ergeben.

SO LANGE 2 Minuten, 4× täglich, 2 Minuten Mindestabstand.

SO WIRKT'S Die Hände sind generell ein Zeichen für Lebenskraft. Sind die Finger nicht so beweglich, ist auch die Lebenskraft niedrig.
Das Mudra zur Fingerbeweglichkeit verbessert die Feinmotorik deiner Hände. Du bist bei Handarbeiten und beim Basteln viel geduldiger, Schreiben kann sogar eine Lieblingsbeschäftigung von dir werden.

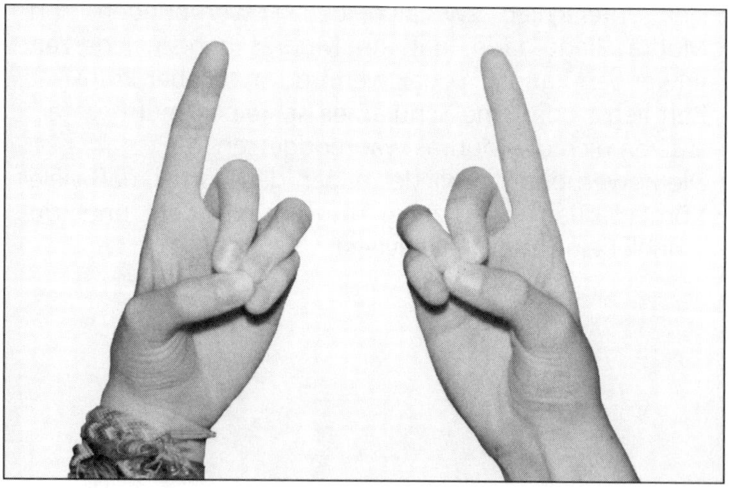

2. MUDRA FÜR DEN GESUNDEN WILLEN

SO GEHT'S Du legst den Zeigefinger jeder Hand in die Daumengrube und bringst Daumen und Mittelfingerkuppe zusammen. Dieses Mudra ist auch nur mit einer Hand möglich.

SO LANGE Mind. 7 Minuten, 3× täglich, 5 Minuten Mindestabstand.

SO WIRKT'S Dieses Mudra fördet das Willens sein und macht deinen Kopf klar. Wenn du unruhig bist und nicht stillsitzen kannst, beruhigt es die Ameisen im Hintern. Bist du gerade ärgerlich, weil du vor einer Aufgabe stehst, die du nicht tun willst – einfach still sein und das Mudra für gesunden Willen halten. So läßt du Dampf ab und kannst deine Arbeit einfach beginnen. Dann bist du auch schnell fertig.

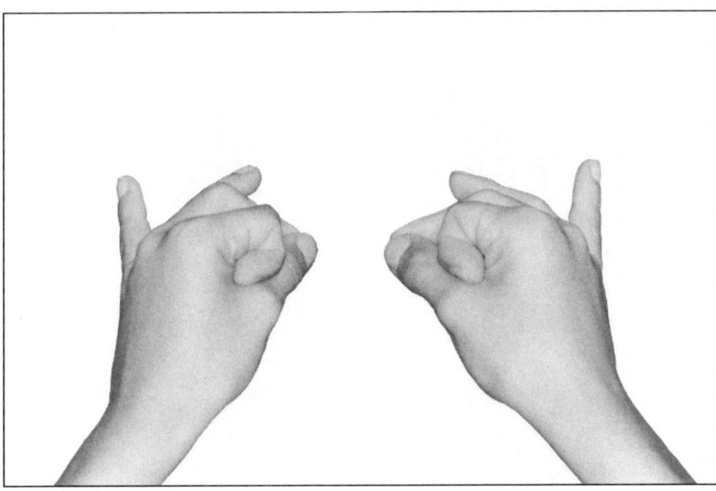

3. MUDRA ZUM GEHIRN EINSCHALTEN

SO GEHT'S Du legst die Daumenkuppe auf Ring- und Kleinfingernagel. Beide Hände spielen mit.

SO LANGE 4 Minuten, 6× täglich, 17 Minuten Mindestabstand.

SO WIRKT'S Das Mudra zum Gehirn einschalten verbindet deine Gehirnhälften so, daß du auch in schwierigen Situationen kühlen Kopf behältst.
Dir fällt das Richtige zum richtigen Zeitpunkt ein.
Du bist kreativ und kannst deine Ideen auch durchführen.

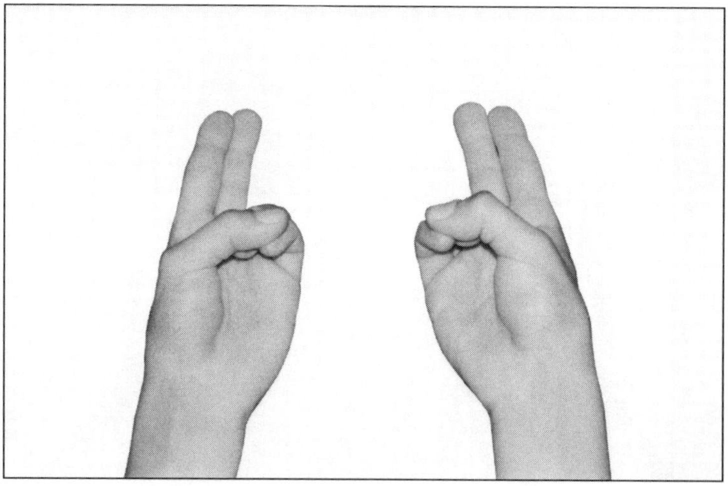

4. MUDRA FÜR DEN MAGEN

SO GEHT'S Mit der rechten Hand legst du Daumen und Zeigefinger zusammen. Der Zeigefinger der linken Hand liegt auf dem Daumennagel.

SO LANGE 2 Minuten, 3× täglich, 3 Minuten Mindestabstand.

SO WIRKT'S Immer dann, wenn dir nicht gut ist, wendest du das Mudra für den Magen an.
Gerade vor einer Schularbeit haben Kinder manchmal sogenannte „Schmetterlinge im Bauch".
Sollte dein Bauch einmal vom vielen Essen beleidigt sein, beruhigen sich deine Organe mit diesem Mudra schneller.
Aber Vorsicht! Das Mudra ist nicht dafür da, daß du dich täglich bis zum Platzen vollstopfen kannst!

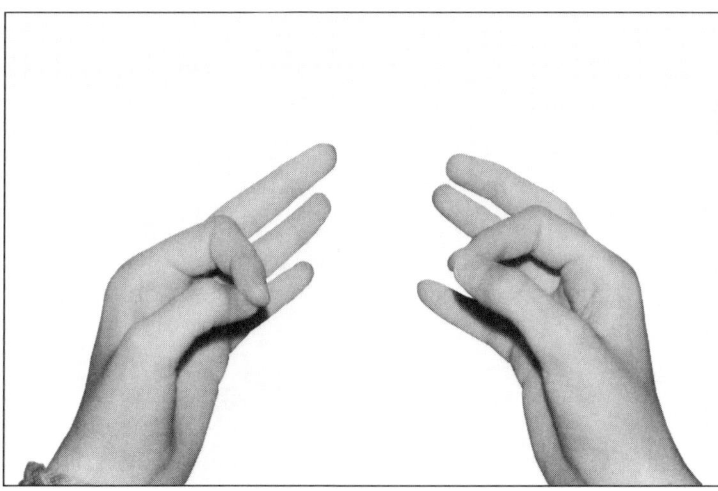

5. MUDRA BEI FRUSTESSEN

SO GEHT'S Mit der rechten Hand bringst du Daumen, Zeige- und Ringfinger zusammen. Mit dem Daumen der linken Hand berührst du den Zeigefingernagel.

SO LANGE 3 Minuten, 4× täglich, 2 Minuten Mindestabstand.

SO WIRKT'S Wenn du im wahrsten Sinne des Wortes angefressen bist, entsteht Frust in dir. In dieser Situation beginnst du zu essen, obwohl du gar nicht hungrig bist. Wahllos stopfst du in dich hinein, dein Körper muß das Ganze verarbeiten, und das kostet Energie.

Wenn du ißt, während du gleichzeitig ärgerlich bist, wird das Essen zum Gift für dich. Lange Zeit hast du den Ärger im Magen liegen. Er breitet sich auf die anderen Organe aus. Dein Körper hat Mühe, ihn loszuwerden.

Manchmal passiert es sogar, daß der nächste Frustanfall schon da ist, bevor der Körper den vorangegangenen Ärger verarbeitet hat. Damit bewegst du dich in einem Teufelskreis, dem du nur mit besonderem Einsatz und Willen zur Veränderung entkommst.

Gehörst du zu den Menschen, die sich mit Frustessen abreagieren, ist dieses Mudra besonders wichtig und soll nahezu ununterbrochen gehalten werden.

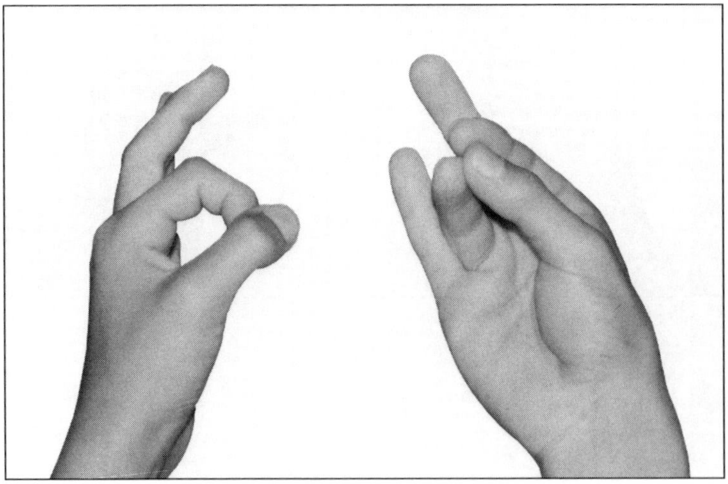

ÜBUNGSFOLGEN ZUM KREATIVEN LERNEN

Wer nicht übt, ist nicht beweglich. Wer nicht beweglich ist, ist nicht bereit, Neues aufzunehmen und zu verarbeiten. Lernen bedeutet ja etwas Neues aufnehmen und verarbeiten. Du mußt dich mit etwas beschäftigen, das du noch nicht kennst. Wenn du also unbeweglich und unflexibel bist, kannst du für Neues nicht aufgeschlossen sein.

In diesem Teil findest du eine Zusammenstellung von Übungen für spezielle Themen. Egal für welches Programm du dich entscheidest – 2× täglich mußt du es durchführen, um wirklich Nutzen daraus zu ziehen. Am besten übst du die erste Übungsfolge gleich in der Früh nach dem Aufstehen. Das zweite Mal turnst du vor den Hausaufgaben. Dann bist du damit schneller fertig und kannst dich deiner Freizeitgestaltung mit ruhigem Gewissen zuwenden.

1. Fit und stabil – jeden Tag

Turnübungen am Morgen für mehr Energie tagsüber

Diese Übungsreihe macht dich allgemein fit und stabil. Sie gehört ebenso zur täglichen Hygiene wie Zähneputzen, Waschen, Anziehen, Essen, Schlafen etc. Turnst du das Programm schon am Morgen gleich nach dem Aufstehen, bist du für den Tag energetisch eingeschaltet. Dich bringt nichts mehr so leicht aus der Ruhe, und du hast gute Laune. Deine vor dir liegenden Aufgaben gehst du willig an – und schon sind sie halb getan.
Natürlich lebst du auch, wenn du keine Übungen machst. Aber dieser Zustand ist vergleichbar mit einem Auto. Du fährst den Wagen zwar Vollgas, kommst aber trotzdem nicht gut weiter – weil die Handbremse angezogen ist. Also, was mußt du tun, um besser voranzukommen? Natürlich zuerst die Handbremse lösen! Dann kannst du deine Fahrt mühelos fortsetzen.

Du weißt jetzt, warum jeder Mensch täglich ein paar Übungen machen soll. Jetzt bist du dran, sie zu tun. Auf geht's!

1.	Gehirnknöpfe	2 Minuten	Seite 53
2.	Denkmütze	15×	Seite 55
3.	Nilpferd	je 50×	Seite 57
4.	Arme kreisen	50×	Seite 58
5.	Beckenachten	25×	Seite 67
6.	Längen der Waden	je 3×	Seite 59

2. Den inneren Widerstand überwinden

Cool werden und Lust aufs Lernen bekommen

Wenn du eine Arbeit zu erledigen hast, die du schon sehr lange vor dir herschiebst, ist dies ein sicheres Anzeichen dafür, daß du Streß damit hast. Du mußt zwar dauernd daran denken, aber die Kraft, endlich damit zu beginnen, fehlt. Dies macht dich heiß (erinnere dich an das Beispiel mit dem heißen Draht, Seite 46). Automatisch steigt der innere Widerstand.

Die Übungsfolge Nummer 2 läßt dich wieder „cool" werden und willlens sein.

1.	Erdknöpfe	1 Minute	Seite 51
2.	Zauberpunkt	2 Minuten	Seite 56
3.	Radfahrer	je 35×	Seite 66
4.	Nilpferd	je 50×	Seite 57
5.	Arme kreisen	30×	Seite 58
6.	Sich über Kreuz bewegen mit Augenkreisen	je 5 Kreise	Seite 60

3. Die Feuerwehr

„Dampf ablassen"-Übungen gegen schlechte Laune

Wenn gar nichts mehr funktioniert, wenn dich absolut nichts mehr freut, wenn dir alle auf die Nerven gehen (und du auch ihnen) – dann muß schleunigst die Feuerwehr her.
Es gibt auch Tage, an denen du dir vielleicht selbst zuwider bist. Grantig und mürrisch sein, schlechte Laune haben und noch dazu anderen auf die Nerven fallen – das muß nicht sein. Mit dieser Übungsfolge bist du schnell wieder im Lot, der Dampf ist abgelassen, Kummer und Ärger sind verflogen. Der Tag ist gerettet!

1.	Positive Punkte	2 Minuten	Seite 54
2.	Mudra für den Magen	3 Minuten	Seite 73
3.	Nackenrolle	je 8×	Seite 62
4.	Längen der Waden	je 3×	Seite 59
5.	Denkmütze	8×	Seite 55
6.	Beckenachten	25×	Seite 67

Merke dir : Das Leben ist viel zu kurz, um seine Zeit mißmutig zu verbringen. Es ist schade um jeden Tag, an dem du nicht gelacht hast. (Damit meine ich aber nicht das Lachen aus Schadenfreude!)

4. Kreativ lernen, kreativ leben

Zusammenhänge besser begreifen und nützen

Wer z. B. beim Aufsatzschreiben nicht weiß, was er schreiben soll, hat keine Kreativität. Er kann nicht schöpferisch sein, ihm kommen keine Ideen. Wenn du kreativ bist, begreifst du Zusammenhänge besser und kannst sie nützen.
Bei der Kreativität geht es nicht nur um das Aufsatzschreiben, sondern du sollst auch mit Situationen, die dir nicht passen, kreativ umgehen können.
Ein Beispiel: Du kommst aus der Schule und hast schon eine bestimmte Vorstellung, was du nachmittags machen wirst. Aber alles läuft anders. Bist du kreativ, läßt du dir den Tag nicht „versauen", sondern rettest den Tag noch irgendwie und hast Freude daran.
Du wirst zum sogenannten „Möglichkeitendenker".
Was ist ein „Möglichkeitendenker"?
Das ist ein Mensch, der immer nach kurzer Überlegung einen Ausweg weiß. Er verpufft seine Energie nicht damit, daß er sich über das, was nicht funktioniert, aufregt und herumschimpft, sondern er setzt sie zum Finden von Lösungen ein.

Und hier ist die Lösung für deine Kreativität!

1.	Mudra zur Fingerbeweglichkeit	3 Minuten	Seite 70
2.	Nilpferd	je 50×	Seite 57
3.	Radfahrer	je 35×	Seite 66
4.	Längen der Armmuskeln	je 3×	Seite 64
5.	Schnelles Gehen	15 Minuten	Seite 68

5. Eine gute Schrift haben

Übungen zur Feinmotorik

Es geht dabei nicht nur um Schönschreiben. Eine gute Schrift auch beim schnellen Schreiben zu haben, zeugt von einer hohen Integration von Körper und Gehirn. Die Feinmotorik muß eingeschaltet sein.
Schneidest du während des Schreibens Grimassen oder beißt du an der Unterlippe? Schreibst du mit der Nase oder spielst mit der Zunge? Das alles sind Hinweise, daß die Feinmotorik fehlt. Du brauchst sie, um knifflige Kleinarbeiten, wie sie z. B. auch beim Handarbeiten oder Basteln vorkommen, streßfrei durchzuführen. Eine balancierte Feinmotorik läßt dich geduldiger sein.

1.	Mudra zur Fingerbeweglichkeit	3 Minuten	Seite 70
2.	Raumknöpfe	1 Minute	Seite 52
3.	Längen der Waden	je 3×	Seite 59
4.	Längen der Armmuskeln	je 3×	Seite 64
5.	Beckenachten	25×	Seite 67
6.	Mudra zum Gehirn einschalten	3 Minuten	Seite 72

Die Schriftprobe auf der nächsten Seite zeigt dir die Schrift vor und nach den Übungen. Du siehst, so schnell kann sich sichtbar etwas verändern, wenn du durch Übungen deine Feinmotorik einschaltest.

Vorher:

Ich heiße Nicoletta
Heute ist Donnestag.
Undmache den Edu-k DIE
Schule beginnt Kurs.

Po-Ri Ryoll

Nachher:

Ich heiße Nicoletta
Der „Die Schule beginnt" Kurs
ist sehr, sehr schön.

Po-Ri Ryoll

6. Jetzt geht's los!

Übungen zum Einschalten für den Sport

Egal, ob du Tennis oder Fußball spielst, ob du reitest, joggst, eine Kampfsportart betreibst oder tanzt – in jeder Disziplin mußt du dich aufwärmen.
Mit dieser Übungsfolge aktivierst du deine Energie so, daß du durch die Ausübung des Sports nicht Substanz verlierst. Ein wichtiger Punkt dabei ist, daß du dadurch wesentlich unfallstabiler bist und dich nicht so leicht verletzt.
Im Wettkampf bringst du bessere Ergebnisse, das Lampenfieber hält sich in Grenzen.
Du weißt, ein Auto muß man auch volltanken, um ohne Unterbrechung rasch ans Ziel zu kommen. Genauso verhält es sich mit deinem Körper. Alle Energiesysteme müssen eingeschaltet sein, um nicht mittendrin wegen Kraftmangels oder schwacher Kondition aufgeben zu müssen.

Nun los, dein Körper freut sich, wenn du ihn unterstützt!

1.	Gehirnknöpfe	1 Minute	Seite 53
2.	Denkmütze	5×	Seite 55
3.	Arme kreisen	40×	Seite 58
4.	Sich über Kreuz bewegen mit Augenkreisen	je 6 Kreise	Seite 60
5.	Nackenrolle	je 10×	Seite 62
6.	Nilpferd	je 50×	Seite 57

Nach dem Sport zum Verarbeiten, Ausdampfen und Nachtanken:

1.	Positive Punkte	2 Minuten	Seite 54
2.	Raumknöpfe	1 Minute	Seite 52
3.	Erdknöpfe	1 Minute	Seite 51
4.	Mudra für den gesunden Willen	3 Minuten	Seite 71
5.	Mudra bei Frustessen	3 Minuten	Seite 74

7. Kreativ lernen für bestimmte Fächer

Gezielte Übungen für Deutsch, Mathematik, Englisch, Französisch und Latein

Steht eine Prüfung bevor? Hier findest du für die wichtigsten Gegenstände Übungsfolgen. Sie helfen dir in doppelter Weise. Zum einen bauen sie den inneren Widerstand ab, der dich in einem bestimmten Fach immer wieder erfaßt. Zum anderen bereiten sie dich energetisch auf die Prüfung vor und lassen dich am Tag des Ereignisses streßstabil sein. Du turnst die Übungen vor und nach dem Lernen für den jeweiligen Gegenstand und am Tag der Prüfung, bevor du das Haus verläßt sowie in der Pause vor der Klassenarbeit.
Damit kannst du sicher sein, das zu Hause Gelernte auch tatsächlich bei der Prüfung zur Verfügung zu haben.

Deutsch	1.	Erdknöpfe	1 Minute	Seite 51
	2.	Radfahrer	je 25–50×	Seite 66
	3.	Mudra für den Magen	2 Min., 3×	Seite 73
Mathematik	1.	Raumknöpfe	2 Minuten	Seite 52
	2.	Längen der Waden	je 3×	Seite 59
	3.	Mudra für den gesunden Willen	3 Min., 4×	Seite 71
Englisch	1.	Sich über Kreuz bewegen mit Augenkreisen	je 9×	Seite 60
	2.	Zauberpunkt	3 Min., 3×	Seite 56
Französisch	1.	Nackenrolle	je 5×	Seite 62
	2.	Mudra für den gesunden Willen	3 Min., 4×	Seite 71
Latein	1.	Längen der Armmuskeln	je 3×	Seite 64
	2.	Mudra zum Gehirn einschalten	4 Min., 4×	Seite 72

Merke dir: Nur Übungen machen ersetzt nicht das Lernen!
Sie lassen dich jedoch willens sein, schneller begreifen, besser behalten und bei der Prüfung das Gelernte auch wiedergeben.

ANHANG

Du willst noch mehr über Lernen wissen?

Rede mit deinen Eltern und komm doch einfach zu uns! Wir schicken dir gerne Unterlagen über die angeführten Kurse.

1. Kindernachmittage (jeweils 3 Stunden)

1. Basiskurs für Anfänger
Muskeltest, Augen, Ohren und Gehirnhälften einschalten

2. „Ich will gesund sein."
Wir aktivieren die Selbstheilungskräfte unseres Körpers

3. „Lernen" – was ist das?

4. „Wer ist mein bester Freund?"
Was jeder dafür selbst tun muß.

5. „Was Kim Kindern zu sagen hat, geht uns alle an."

2. EM-K Kinderwoche

Ausbildung zur Autorität
Eine Woche lang Übungen, Vorträge, Balancen und Essen nach den kinesiologischen Ernährungsregeln mit Kim & Do-Ri gibt Kindern eine Struktur, um ihr Wachstum selbst zu fördern.

3. Für die Eltern

1. „Wie komme ich besser mit meinem Kind zurecht?"
Die beste Anleitung ist natürlich, selbst Vorbild zu sein.
(3 Abende à 3 Stunden)

2. Selbstheiltag für Eltern
„Kinder brauchen eine Struktur, um wachsen zu können." Woher sollen sie diese bekommen, wenn Eltern diese Struktur nicht kennen und selbst oft auch nicht haben?
(1 Tag, 9 Stunden)

Liebe Eltern!

Gesunde Kinder zu haben, die sich entsprechend entwickeln, ist kein Zufall, sondern Arbeit. Diese Arbeit beginnt zuerst an sich selbst und geht fließend über, andere aus seinem besseren Wissen anzuleiten. Die beste Anleitung ist natürlich, selbst Vorbild zu sein.
Es gibt auf dieser Erde Gesetze, die wirken, auch wenn wir sie nicht kennen. Wir erleben oftmals nur die Auswirkung und machen aufgrund unserer Unwissenheit andere und anderes für Probleme im Kreis der Familie verantwortlich. Wir vermitteln im EM-K Kinderprogramm Gesetze, die für alle Menschen Gültigkeit haben. Je früher Kinder (und Erwachsene) lernen, sie zu achten und danach zu leben, desto eher kommt die Familie in Harmonie. Kinder werden gesund und entwickeln sich ihrem Alter gemäß.
Ein Satz ist in Kims Kursen immer wieder zu hören: „Kinder brauchen eine Struktur, um wachsen zu können." Woher sollen sie diese bekommen, wenn Eltern diese Struktur nicht kennen und selbst oft auch nicht haben?
Die Menschen leiden heute zu einem Großteil an der Strukturlosigkeit, die sie „Freiheit" nennen. Wer erkennt, daß es Freiheit nicht gibt, wird frei. Er kann sich fügen und erlebt dadurch die wahre Freiheit. Daher:

Helfen Sie Ihrem Kind, sich Werte zu schaffen, die ihm nichts und niemand rauben kann!

Wir freuen uns, wenn du uns deine Erfahrungen schreibst!
Wir antworten auch gerne und schicken dir auf Wunsch Informationen über unsere Arbeit.

Deutschland: Kim da Silva
Türkenstraße 15
D-13349 Berlin
Tel: 030/451 13 55

Österreich: Do-Ri Rydl
Kinesiologie & Tao Zentrum
Wiener Straße 80
A-2500 Baden
Tel: 0 22 52/43 2 43

EM·K ETERNAL MOVEMENT KINESIOLOGIE ZUR SELBSTHEILUNG

Ein Tip von Do-Ri: Da Kim viel auf Reisen ist, ist es besser, wenn du den Brief nach Österreich schickst. So bekommst du die Antwort schneller.

Die Autoren

Kim da Silva lebt in Berlin und arbeitet als Kinesiologe. Er studierte Chemie, Physik, Botanik, Mikrobiologie und Lebensmittelchemie. Nach fünf Jahren Assistenz an der freien Universität Berlin und sechsjähriger Forschungsarbeit in der chemischen Industrie arbeitete er viele Jahre in einem pharmazeutischen Weltkonzern.

Kim reiste in seiner Jugend sehr viel. Spätere Exkursionen führten ihn in verschiedene Länder Asiens und Amerikas. In beiden Kontinenten studierte er verschiedene Philosophien und lernte traditionelles Wissen, das die Findung zur Selbstheilung zum Ziel hat.

In den 70er Jahren lernte Kim da Silva die Kinesiologie kennen. Anfang der 80er Jahre wurde er in Edu-Kinästhetik von Dr. Paul Dennison ausgebildet, als dieser das erste Mal in Europa lehrte. Kims Wissen um die Selbstheilungsstrukturen erweiterte die Anwendung der kinesiologischen Balancemöglichkeiten enorm.

Kim entwickelte und gründete zusammen mit Do-Ri Rydl die EM-K, Eternal Movement-Kinesiologie zur Selbstheilung.

(Eternal = immerwährend, aus sich selbst erneuernd, Kinesiologie = die Lehre von der Bewegung).

Kim da Silva entwickelte das System des Goldenen Tores. Es vereinigt die verschiedenen Philosophien unserer Erde, so daß wir uns in unseren Lernstrukturen fördern und unsere Selbstheilung finden.

Do-Ri Rydl, geboren 1958, vom Beruf Drogistin, lernt und lehrt seit 1985 mit Kim da Silva. Seit 1988 leitet sie das Kinesiologie & Tao Zentrum sowie die Edu-K-Teacher-Ausbildung in Österreich. Nebenbei schreibt sie mit Kim zusammen Bücher und hilft ihm bei der Verbreitung seiner Erfahrungen und Einsichten.

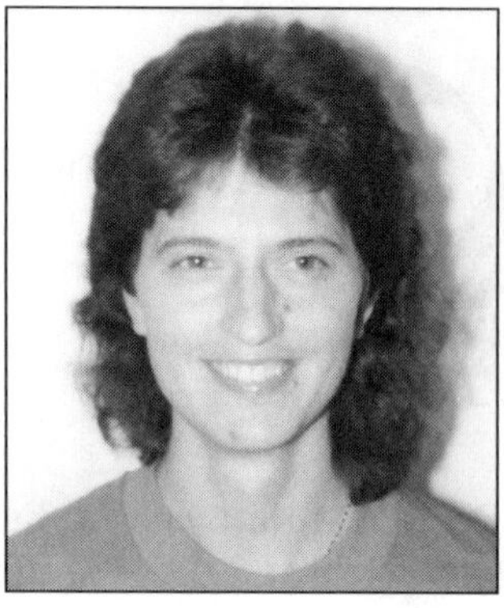

Literaturhinweise

Richtig essen zur richtigen Zeit – Kim da Silva. Knaur Verlag 76020.
Gesundheit in unseren Händen – Kim da Silva. Knaur Verlag 76019.
Kinesiologie – das Wissen um die Bewegungsabläufe – Kim da Silva & Do-Ri Rydl. Knaur Verlag 76021.
Energie durch Bewegung – Kim da Silva & Do-Ri Rydl. hpt, Wien 1994.
Energie durch Bewegung-VIDEO – Kim da Silva & Do-Ri Rydl. hpt, Wien 1995.
Die Edu-K 1 Übungsfolge MC – Do-Ri Rydl. Eigenvertrieb.

Danksagung

Wir danken all unseren Lehrern, die uns auf dem Weg des kreativen Lernens gefördert haben. Durch ihre Hilfe war es möglich, Lernstrukturen jenseits der bestehenden zu finden.
In Kims Schulzeit waren die Schüler meistens auf sich allein gestellt. Sie hatten keine Unterstützung von Eltern und schon gar nicht von den Lehrern. Der Schüler von damals war vielmehr eine Art Einzelkämpfer, der sich durch den Dschungel des Lernens durchfinden mußte, in Freud', aber viel mehr in Leid. Kim hat nie aufgegeben, sich im Lernen weiter zu fördern, und ist nie an seinen Schwierigkeiten verzweifelt. Durch das ständige Alleinsein in seinem Leiden beim Lernen entstanden Erkenntnisse. Daraus konnte dieses Buch entstehen.

MIND unlimited LERNHILFE

Eigentlich sollte man es vor Unterrichts-Antritt lernen: Wie lernt man effektiv? Um die Massen an Stoff aufnehmen zu können, braucht das Gehirn eine Strategie. Dieses Ziel hat sich das **Mind unlimited**-Team gestellt. In Ferienkursen erfahren Schüler das Know-how des Lernens. Jetzt gibt es diese Tips und Tricks erstmals auch in Buchform:

- **Los geht's.** Das Buch enthält „Alles Gute" zum Schulanfang und hilft mit vielen Tips und Beispielen, die ersten Schuljahre erfolgreich und entspannt zu bestehen.
- **Tschüs dann!** Gezielte Arbeitstechniken für die Oberstufe und Abitur/Matura helfen, das Gymnasium erfolgreich abzuschließen. Auch StudentInnen finden Tips und Anregungen für ihr Studium.
- **Hausaufgaben erledigen.** Hier erfährt der Schüler das perfekte Management für Lernnachmittage ohne Frust.
- **Vokabeln lernen – 100% behalten.** Das Buch zeigt, wie man das Vokabel-Problem mit Tricks und Techniken in den Griff bekommt.
- **Klassenarbeiten erfolgreich bestehen.** Der Schüler lernt mit gezielten Übungen Lern- und Denkblockaden zu beseitigen.
- **Besser motivieren – weniger streiten.** Hier finden Eltern die Ergänzung zum Buch „Hausaufgaben erledigen". Konkrete Handlungsanleitungen entspannen das Familienklima.
- **Mehr melden – Sicherheit gewinnen** hilft, die Angst vor Gruppen und Denkblockaden abzubauen.
- **Fit fürs Gymnasium** bereitet Eltern auf die Gymnasialzeit ihrer Kinder vor. Es hilft, Durchhänger in den Griff zu bekommen und entwicklungspsychologische Vorgänge besser zu verstehen.

Reichhaltig, farbig und witzig illustriert gibt die **Mind unlimited**-Reihe mehr Mut und Motivation und führt geradewegs zum Erfolg!

Geradewegs zum Erfolg

MIND unlimited LERNHILFE

VERITAS

Los geht's!
Alles Gute zum Schulstart
5 bis 7 Jahre
ISBN 3-7058-5175-6

Tschüs dann!
Die erfolgreichen Arbeitstechniken fürs Abitur
10. bis 13. Klasse
ISBN 3-7058-5176-4

Hausaufgaben erledigen
konzentriert – motiviert – engagiert
5. bis 10. Klasse
ISBN 3-7058-5177-2

Vokabeln lernen – 100% behalten
Die erfolgreichen Tipps zum Fremdsprachenlernen
5. bis 10. Klasse
ISBN 3-7058-5178-0

je ca. 120 Seiten durchgehend farbig illustriert Paperback

Klassenarbeiten erfolgreich bestehen
Das Programm für gute Noten im Schriftlichen
5. bis 10. Klasse
ISBN 3-7058-5179-9

Besser motivieren – weniger streiten
So helfen Sie Ihrem Kind – aber richtig!
4. bis 10. Klasse
ISBN 3-7058-5180-2

Fit fürs Gymnasium
Die neuen Herausforderungen erfolgreich bewältigen
4. bis 6. Klasse
ISBN 3-7058-5181-0

Mehr melden – Selbstsicherheit gewinnen
Das Programm für gute Noten im Mündlichen
5. bis 10. Klasse
ISBN 3-7058-5182-9